海上絲綢之路基本文獻叢書

西域南海史地考證譯叢三編

馮承鈞 譯

文物出版社

圖書在版編目（CIP）數據

西域南海史地考證譯叢三編 / 馮承鈞譯. -- 北京 : 文物出版社, 2022.7
（海上絲綢之路基本文獻叢書）
ISBN 978-7-5010-7639-0

Ⅰ. ①西… Ⅱ. ①馮… Ⅲ. ①西域－歷史地理－研究 Ⅳ. ① K928.62

中國版本圖書館 CIP 數據核字 (2022) 第 099016 號

海上絲綢之路基本文獻叢書

西域南海史地考證譯叢三編

譯　　者：馮承鈞
策　　劃：盛世博閲（北京）文化有限責任公司

封面設計：鞏榮彪
責任編輯：劉永海
責任印製：張道奇

出版發行：文物出版社
社　　址：北京市東城區東直門内北小街 2 號樓
郵　　編：100007
網　　址：http://www.wenwu.com
經　　銷：新華書店
印　　刷：北京旺都印務有限公司
開　　本：787mm×1092mm　1/16
印　　張：13.625
版　　次：2022 年 7 月第 1 版
印　　次：2022 年 7 月第 1 次印刷
書　　號：ISBN 978-7-5010-7639-0
定　　價：96.00 圓

總緒

海上絲綢之路，一般意義上是指從秦漢至鴉片戰争前中國與世界進行政治、經濟、文化交流的海上通道，主要分爲經由黄海、東海的海路最終抵達日本列島及朝鮮半島的東海航綫和以徐聞、合浦、廣州、泉州爲起點通往東南亞及印度洋地區的南海航綫。

在中國古代文獻中，最早、最詳細記載『海上絲綢之路』航綫的是東漢班固的《漢書·地理志》，詳細記載了西漢黄門譯長率領應募者入海『齎黄金雜繒而往』之事，書中所出現的地理記載與東南亞地區相關，并與實際的地理狀况基本相符。

東漢後，中國進入魏晉南北朝長達三百多年的分裂割據時期，絲路上的交往也走向低谷。這一時期的絲路交往，以法顯的西行最爲著名。法顯作爲從陸路西行到印度，再由海路回國的第一人，根據親身經歷所寫的《佛國記》（又稱《法顯傳》）一書，詳細介紹了古代中亞和印度、巴基斯坦、斯里蘭卡等地的歷史及風土人情，是瞭解和研究海陸絲綢之路的珍貴歷史資料。

隨着隋唐的統一，中國經濟重心的南移，中國與西方交通以海路爲主，海上絲綢之路進入大發展時期。廣州成爲唐朝最大的海外貿易中心，朝廷設立市舶司，專門管理海外貿易。唐代著名的地理學家賈耽（七三〇～八〇五年）的《皇華四達記》記載了從廣州通往阿拉伯地區的海上交通『廣州通夷道』，詳述了從廣州港出發，經越南、馬來半島、蘇門答臘半島至印度、錫蘭，直至波斯灣沿岸各國的航綫及沿途地區的方位、名稱、島礁、山川、民俗等。譯經大師義净西行求法，將沿途見聞寫成著作《大唐西域求法高僧傳》，詳細記載了海上絲綢之路的發展變化，是我們瞭解絲綢之路不可多得的第一手資料。

宋代的造船技術和航海技術顯著提高，指南針廣泛應用於航海，中國商船的遠航能力大大提升。北宋徐兢的《宣和奉使高麗圖經》詳細記述了船舶製造、海洋地理和往來航綫，是研究宋代海外交通史、中朝友好關係史、中朝經濟文化交流史的重要文獻。南宋趙汝適《諸蕃志》記載，南海有五十三個國家和地區與南宋通商貿易，形成了通往日本、高麗、東南亞、印度、波斯、阿拉伯等地的『海上絲綢之路』。宋代爲了加强商貿往來，於北宋神宗元豐三年（一〇八〇年）頒佈了中國歷史上第一部海洋貿易管理條例《廣州市舶條法》，并稱爲宋代貿易管理的制度範本。

元朝在經濟上採用重商主義政策，鼓勵海外貿易，中國與歐洲的聯繫與交往非常頻繁，其中馬可·波羅、伊本·白圖泰等歐洲旅行家來到中國，留下了大量的旅行記，記録元代海上絲綢之路的盛況。元代的汪大淵兩次出海，撰寫出《島夷志略》一書，記録了二百多個國名和地名，其中不少首次見於中國著録，涉及的地理範圍東至菲律賓群島，西至非洲。這些都反映了元朝時中西經濟文化交流的豐富内容。

明、清政府先後多次實施海禁政策，海上絲綢之路的貿易逐漸衰落。但是從明永樂三年至明宣德八年的二十八年裏，鄭和率船隊七下西洋，先後到達的國家多達三十多個，在進行經貿交流的同時，也極大地促進了中外文化的交流，這些都詳見於《西洋蕃國志》《星槎勝覽》《瀛涯勝覽》等典籍中。

關於海上絲綢之路的文獻記述，除上述官員、學者、求法或傳教高僧以及旅行者的著作外，自《漢書》之後，歷代正史大都列有《地理志》《四夷傳》《西域傳》《外國傳》《蠻夷傳》《屬國傳》等篇章，加上唐宋以來衆多的典制類文獻、地方史志文獻，集中反映了歷代王朝對於周邊部族、政權以及西方世界的認識，都是關於海上絲綢之路的原始史料性文獻。

海上絲綢之路概念的形成，經歷了一個演變的過程。十九世紀七十年代德國地理學家費迪南・馮・李希霍芬（Ferdinad Von Richthofen，一八三三～一九〇五），在其《中國：親身旅行和研究成果》第三卷中首次把輸出中國絲綢的東西陸路稱爲『絲綢之路』。有『歐洲漢學泰斗』之稱的法國漢學家沙畹（Édouard Chavannes，一八六五～一九一八），在其一九〇三年著作的《西突厥史料》中提出『絲路有海陸兩道』，蘊涵了海上絲綢之路最初提法。迄今發現最早正式提出『海上絲綢之路』一詞的是日本考古學家三杉隆敏，他在一九六七年出版《中國瓷器之旅：探索海上的絲綢之路》中首次使用『海上絲綢之路』一詞；一九七九年三杉隆敏又出版了《海上絲綢之路》一書，其立意和出發點局限在東西方之間的陶瓷貿易與交流史。

二十世紀八十年代以來，在海外交通史研究中，『海上絲綢之路』一詞逐漸成爲中外學術界廣泛接受的概念。根據姚楠等人研究，饒宗頤先生是華人中最早提出『海上絲綢之路』的人，他的《海道之絲路與昆侖舶》正式提出『海上絲路』的稱謂。選堂先生評價海上絲綢之路是外交、貿易和文化交流作用的通道。此後，大陸學者馮蔚然在一九七八年編寫的《航運史話》中，使用『海上絲綢之路』一詞，這是迄今學界查到的中國大陸最早使用『海上絲綢之路』的人，更多地限於航海活動領域的考察。一九八〇年北京大學陳炎教授提出『海上絲綢之路』研究，并於一九八一年發表《略論海上絲綢之路》一文。他對海上絲綢之路的理解超越以往，且帶有濃厚的愛國主義思想。陳炎教授之後，從事研究海上絲綢之路的學者越來越多，尤其沿海港口城市向聯合國申請海上絲綢之路非物質文化遺産活動，將海上絲綢之路研究推向新高潮。另外，國家把建設『絲綢之路經濟帶』和『二十一世紀海上絲綢之路』作爲對外發展方針，將這一學術課題提升爲國家願景的高度，使海上絲綢之路形成超越學術進入政經層面的熱潮。

與海上絲綢之路學的萬千氣象相對應，海上絲綢之路文獻的整理工作仍顯滯後，遠遠跟不上突飛猛進的研究進展。二〇一八年厦門大學、中山大學等單位聯合發起『海上絲綢之路文獻集成』專案，尚在醖釀當中。我們不揣淺陋，深入調查，廣泛搜集，將有關海上絲綢之路的原始史料文獻和研究文獻，分爲風俗物産、雜史筆記、海防海事、典章檔案等六個類別，彙編成《海上絲綢之路歷史文化叢書》，於二〇二〇年影印出版。此輯面市以來，深受各大圖書館及相關研究者好評。爲讓更多的讀者親近古籍文獻，我們遴選出前編中的菁華，彙編成《海上絲綢之路基本文獻叢書》，以單行本影印出版，以饗讀者，以期爲讀者展現出一幅幅中外經濟文化交流的精美畫卷，爲海上絲綢之路的研究提供歷史借鑒，爲『二十一世紀海上絲綢之路』倡議構想的實踐做好歷史的詮釋和注脚，從而達到『以史爲鑒』『古爲今用』的目的。

凡例

一、本編注重史料的珍稀性，從《海上絲綢之路歷史文化叢書》中遴選出菁華，擬出版百册單行本。

二、本編所選之文獻，其編纂的年代下限至一九四九年。

三、本編排序無嚴格定式，所選之文獻篇幅以二百餘頁爲宜，以便讀者閱讀使用。

四、本編所選文獻，每種前皆注明版本、著者。

五、本編文獻皆爲影印，原始文本掃描之後經過修復處理，仍存原式，少數文獻由於原始底本欠佳，略有模糊之處，不影響閱讀使用。

六、本編原始底本非一時一地之出版物，原書裝幀、開本多有不同，本書彙編之後，統一爲十六開右翻本。

目録

西域南海史地考證譯叢三編

西域南海史地考證譯叢三編

馮承鈞 譯

民國二十五年商務印書館排印本

馮承鈞譯

西域南海史地考證譯叢三編

商務印書館發行

馮承鈞譯

西域南海史地考證譯叢三編

中華教育文化基金董事會編譯委員會編輯
商務印書館發行

四二四六上
張

中華民國二十五年七月初版
(9 1 4 4 8 C)

西域南海史地考證譯叢三編一冊

每冊實價國幣柒角伍分
外埠酌加運費匯費

譯述者 馮承鈞
編輯者 中華教育文化基金董事會編譯委員會
發行人 王雲五 上海河南路
印刷所 商務印書館 上海河南路
發行所 商務印書館 上海及各埠

(本書校對者 胡達聰 尤惠民)

跋

研究明末清初的史事、有一部份很重要的史料、尚未經人廣爲蒐輯。我所說的、就是耶穌會所藏、來華傳教士的報告、紀錄、著作、信札。歐洲學術之開始輸入中國、中國文獻之實在輸入歐洲、可以說就是這些耶穌會士的功勞。此外還有些罕見的紀錄、就中若湯若望（Adam Schall von Bell）的「歷史記錄」（Historica relatio）曾言順治如何得疾致死。安文思（Gabriel de Magalhaens）同利類思（Buglio）是親見過張獻忠的人、他所撰的「張獻忠記」（Relaçao das tyranias obradas por Cang-hien chungo famoso ladrao de China, em e anno 1651）、必定有些世人未詳的事蹟。張誠（Gerbillon）同徐日昇（Thomas Pereira）可以說是締結尼布楚（Nertchinsk）條約的要人。他所撰的八次北行行記、（見Harde書、）也是重要史料。如是之類、舉不勝舉。其中有箇卜彌格（Michel Boym）、曾奉永歷太后同太監龐天壽致教皇及耶穌會統領書赴羅馬、尤爲歷史中之一異跡。我在景教碑考中曾說過、「計其東西往來之年、幾與玄奘遊年等、不幸則又與無行同。而其犯冒險阻、仗義奉使、不特爲明之忠臣、兼爲教會之殉教者。」我當時就想廣徵其人之事蹟、可惜材料不易得。今檢本年通報、知沙不烈（B. Chabrié）撰有專書、伯希和對此書頗有補正、沙不烈書尚未見、茲先將伯希和的補傳轉爲漢文（原文見一九三四年通報九五至一五一頁）耶穌會士幾盡有中國式的姓名、此編中凡有這類姓名可考者、皆著其漢名、餘則仍錄原名。又如書名、我以爲亦有完全鈔錄其書題之必要。加以關涉的語言甚多、尤其是荷蘭葡萄牙等文、我不敢强作解人、故錄之以待識者。繙校既畢、附識翻譯此編緣起於此、民國二十三年九月十日馮承鈞識。

目錄

西域南海史地考證譯叢三編

「蒙古侵略時代之土耳其斯坦」評註

見通報一九三〇年刊十二至五六頁　伯希和撰

巴爾托德（W. Barthold）君的佳作「蒙古侵略時代之土耳其斯坦、」（Turkestan v êpokhu Mongol′ skago našestva）是於一九〇〇年在聖彼得堡出版的。已經有好多年覓不着這部書了、又因爲原書是俄文、所以有許多西方學者未能參考。此次 E. Denison Ross 君同 Gibb Memorial 的董事們、將原著者重新修改的本子譯爲英文、這是應該祝賀的。英文譯本僅將一九〇〇年俄文本第一册之諸東方語言原文删除。註一

註一　鈞案英文譯本題曰 Turkestan down to the Mongol Invasion, 1928.

我欣然將這部材料豐贍的著作重讀一過、看此書一至六三頁所包含之加以鑑別的參考書目、同著者所撰「成吉思汗所組織之蒙古帝國的大勢」他的內容實在比他的標題所披露的多得多。

回教撰述之採用、也表示一種範圍極廣的調查。著者此外當然引用迄今不甚佳的蒙古文著作、同比較很優的漢文著作。不過除開漢學家以外、別人所能參考的漢籍、祇有些片斷材料、而且這些斷篇、除開修道院長 Palladius 的譯文外、其他譯文皆有很多缺點。

著者所轉錄的東方名稱很忠實、可是有些名稱、我以為寧可用別的寫法。比方將玄奘寫作 Hiuen-Tsiang、(二頁七〇頁等頁)不應用 i、英文應寫作 Hsüan-tsang、法文應寫作 Hiuan-tsang、奘字並無顎音。又如成吉思汗的名字鐵木真、第一箇韻母應作 a 或 e、與其寫作 Tamuchin、不如在英文譯寫中寫作 Temuchin 倒與 Tämüjin（或 Temüjin）更為相近。又如那顏（noyan）、是波斯文同漢文的對音、比此書所用的 noyon 更好。此書還保存 Qudatku Bilik 的寫法、我不明甚麼緣故。

公公道道說、我對於此書純屬回教撰述的部份、幾無何種指摘的地方、可是在蒙古文同漢文兩方的事實同名稱、我想提出若干考證、以供著作者的指正。

三七頁同其他諸頁： 從前我同著者一樣、也同衆人一樣、皆說蒙韃備錄的撰人是孟珙、可是王國維業已證明其非、其撰人或是趙珙、可參考通報一九二八及一九二九年合刊、一六五至一六六頁。此外著者在本書四六〇頁所採蒙韃備錄的記載、其事並與成吉思汗無干、因爲一二二一年時、他在西域回教諸國、宋使從未在燕京見過成吉思汗。原書所說的是成吉思汗留在燕京的部將木華黎。（Muqali） 著者同 Vladimircov 在他所撰的「成吉思汗」書中一樣、皆爲 Vasil'ev 的譯文所誤、因爲譯文將木華黎的「國王」官號譯作 tsar （察罕。）

三八頁註二： 應讀若黑韃事略同皇元聖武親征錄、現在並證明標題中原無「皇元」兩字、僅稱聖武親征錄而已。可參考通報一九二八至一九二九年合刊、一六九頁註一。

四三頁： 海山汗（一三〇八至一三一一）用英文譯寫、應作 Hai-shan 、或還原作漢語外的寫法 Qaišan、而不應作 Kai-san。西藏文固然有一種晚見的寫法作 Haisan（參考 Huth 撰蒙古佛教史第二篇三五頁）可是並不可靠。

四四頁：Hyacinthe Bičurin 神甫所譯的、並不是元史的節本，乃是最先四汗的本紀。不幸這位神甫在人名地名方面採用了乾隆時元史語解改訂的名稱、致使他的譯文成爲無用、並且時常使 d'Ohsson 同 Berezin 有所誤會。

四五頁：拉施哀丁（Rašīdu-'d-Dīn）與聖武親征錄相近的地方、比較一三六九年的元史還要多。拉施哀丁、或告訴他蒙古事蹟的那些人、所採用的蒙古史事、必定是代表漢譯聖武親征錄的原本、至若元朝祕史所代表的、另是一種傳說、內容頗異。

五一頁同三八八頁：說 bakhshī 是本於梵文 bhikṣu（比丘）、不甚可靠。我們現在以爲此名是漢語博士兩字之對音、可參考 Laufer 撰文、見通報一九一六年刊四八五至四八七頁、（五五七頁的註子大誤）同我在亞洲報一九二五年刊上冊二五四頁中的說明。這箇漢語名稱很流行、他在日本語中、不僅有漢和的讀法 hakushi、而且有完全日語化的讀法 hakase。

八二頁：漢文「那密」兩字、通常不能還原作 Namik。難道阿剌壁語（Arabe）的實在讀法不是 Nāmidh 麽？

一三四頁註四：Ta-mo 應作 Tu-mo、漢語「獨莫」兩字假定的原名作 Tughmaq 或 Tughmag。因爲中國人常將突厥字發聲之 t- 聽作 d-。至若晚見的 Tūm 寫法、祇能本於中間喉音之删除。（參考唐時對於蒙古從前的禿兀剌 Tughla 今土拉 Tula 水之「獨樂」譯名、見上引通報二一二頁）至若 Tughmagh 在 Tūm 裏面喉音收聲之喪失、可以上溯到中世伊蘭語沒有 -gh（或 -γ）之一種寫法。

一六三頁註一：漢語「渴塞」假定是 Karsak、還就可以說是 Kassak。若說他的對音是 Kāsān、則很難承認。或者漢文譯名有誤、我現在還未見着滿意的答解。

一七〇頁：Čīnānčkath 同 Jīnānjkath 似乎一樣近類真相。

一九七頁：關於四大國之判別者、可參考拙撰「四天子說」見通報一九二三年刊九七至一一五頁。

二三二頁註二：漢譯「摸胡壇」一名、並不如 Laufer 在「支那伊蘭」五三一頁中所言之明瞭。其原名好像是 Māghudān 或 Māghodān，可是很難採用 Laufer 之說。說他同 Mobedhān, Mobedh 的構成一樣。案 Mobedhān 之構成，固然是 Mobedh 又加表示多數之 ān，至若 Māghudān 好像是由 Māghu 又加 dān 構成的。

二三二頁註十二： 漢譯 danišmand 作「荅失蠻」，曾經元代碑文中蒙古語寫法之 dašman 所證實。

二五七頁註五： 與其用 Īlak，似以用 Īlig 爲優。後一字此言王，今日已見畏吾兒語著錄。（就中可參考 F. W. K. Müller, Uigurica II, 索引。）

二六一頁註一： 我箇人以爲與其作 Sabuk-tegin 或 Sü-beg-tegin，不如作 Säbäk-tegin、或 Säbük-tegin。關於古突厥語固有名詞中之 Säbäk（就是著者之 Sebik、或 Sewik，鈞案唐譯作娑匐）者，可參考通報一九二八至一九二九年刊二四三頁。此名男女並用，至若等如 Säbäk 之 Säbük，在 Qutadhgha Bilig 中已見有 Säbük 同 Sävük 的著錄。（參考 Radlov, IV, 502, 506）von Le Coq 君也贊成 Sävük-tegin 的寫法。（Turk. Namen und Titel in Indien, p. 1.）

二六九頁：著者在此處同在三〇八頁三二三頁、皆說 Paighū 似應改作 yabghū（葉護、）此事或者可能。然而不應忘者、在蒙古語固有名稱中、曾見有「伯忽」的寫法、此「伯忽」二字、通常可以還原作 Baïqu 或 Baïghu。又案突厥語中有一箇與鷹相類的鷙鳥名稱 bïghu、而突厥語同蒙古語之固有名稱中、使用獵鳥的名稱、頗不少見、這是世人所知道的。

二八四頁註七：貨幣之 yagha 的寫法、或者洵如著者的假定、是 yaghan（此言象）的省寫、（參照 Tämür-toghan 名中之 toghan 作 togha 之例）然而或者也是一種古寫法。因爲現在我們知道古畏吾兒語名象曰 yanga、而 yagha 應是一種無鼻音的寫法。（參照亞洲報一九一三年刊上册四五五至四五九頁）關於用鼻音同不用鼻音的寫法、可引證漢語「樣磨」譯名、此名所指的是 Yaghma 部落、而譯名則假定是 Yangma 的對音。（亞洲報一九二〇年刊上册一三五頁）還可引證我對於滿洲語所設想的一種假定、滿語稱漢人單數曰 nikan、複數曰 nikasa、這箇名稱是由蒙古時代 Nankiyas、Nangkiyas（南家）轉化而來的。（亞洲報一

九一三年刊上册四六五至四六六頁）

二八六頁註二： Melioranskiĭ 所研究的阿剌壁語突厥語字典、今知爲 Ibn Muhannā 所撰、不知何故著者尙謂佚撰人名。arslān 的解釋、已見 Meliaranskiĭ, p. 057 頁中、或是著者以爲這是新說、遂以爲他確實可靠、因爲在 Ibn Muhannā 書中兩見 arslan 的著錄、可是寫作 arslan (p. 067)。遷就着說可以說是前面 qablan (qaplan) 一字之訛寫、如此看來、我們不可遽然認定有些突厥人的十二屬中有箇「獅年」。（雖然 Marco Polo 有獅年的著錄、可是他常將虎作獅、比方以虎符作獅符之類、好像是受了波斯語 šēr, šīr 等字的影響。）在孔士坦丁堡（Constantinople）一九二一年出版的 Ibn Muhannā 本中、對於虎年、未見有用與 bars(虎)意義相同的 qaplan 同 arslan 等字者。所以 S. E. Malov 在 Zapiski Kollegii Vostokovedov 第三册中、未曾討論這種問題。現在我手邊也無 Kašgharī 書關於十二屬的材料可以參考。Ibn Muhannā 的十二屬名錄是出於一〇二七年紀錄的、其中將魚（baligh）代龍、此處或者有一箇有利於 Poppe 所提出的假定之小小根據。他以爲 Qazwīnī 書中所著錄蒙古語來歷不明的鱷魚名稱 bɪlqun (basalqun)、是蒙古語 balqasun (魚) 之字母顚倒的寫法、而突厥語之魚的名稱則作 baliq。(亞洲報一九二七年上册二八九頁) 世人也可仿照他的假定、解說來歷不明的 Balāsāghūn (八剌沙袞) 的名稱。從前也有人提議、(如 Bretschneider, Med. Res. I, 18) 以爲這箇地名就是 balaghasun 之字母顚倒的寫法、(蒙古時代的寫法如此、舊蒙古語作 balghasun 此言城、) 突厥語相對之稱則作 baligh (城、) 然而這類的假定是很不可靠的。王國維 (觀堂集林十四、三至五頁) 也曾試爲解釋八剌沙袞的名稱、以爲就是唐代的「裴羅將軍」城、(參照沙畹 Chavannes 撰西突厥史料十頁) 可是「裴羅將軍」的對音應是 Boïlasängün 或 Buïlasängün。

三一七頁註二: 著者以爲此處之「州、」原名非突厥語名、乃是波斯語名。有不少名稱固很難說他是原出阿爾泰系語、或伊蘭系語、然在此處除有反證外、我以爲此字是出於阿爾泰系語的。突厥察合台 (ǰaghatai) 語有一箇字曾經 Radlov (III, 2044) 譯寫作 čölgä 者、他訓爲「川谷、或山足有水草的平原、」而將他分解爲

čöl＋ga。案 čöl 是一箇突厥字、義爲荒野、曾見嗢昆（Orkhon）河諸碑文著錄、而在蒙古語中寫法與意義皆同。註二 Vullers (I, 602) 曾著錄有 čölgä 或 čülgä、他的定義同 Radlov 一樣、他也說是出於 čöl。此二字典編纂家的定義、皆是採自 Abušqa 書的、則可見 Vullers 僅在一部突厥字典中認識此字、而非波斯語字。可是 Abušqa 所誌的荒野作 čöl、而別一字寫作 jöḷgä 或 jülgä、而不作 čölgä、並未說此二字有何種關係。註三 其實我以爲應該將 čöl 同 jölgä 分開、此二字皆非波斯語字。第一字或者獨爲突厥語字、而第二字或者原是一箇蒙古語字。因爲寫荒野作 čöl 的蒙古語、有一 jülgä 字、訓作草原、此字顯然就是 Radlov 之所謂 čölgä。況且用 j- 發聲、而不用 č- 發聲、曾經下面兩種語言所證實：突厥 küär 語之 yölgö、此言「澤中之草丘。」乞兒吉思 (kirghiz) 語之 jülgö、此言「小谷」(Radlov, III, 451; IV, 186) 可以例已。Vullers 同 Radlov 所引察合台語之 čölgä、好像必須改正爲 jölgä 或 jülgä、此字在蒙古語中很古、因爲在元朝祕史第二四七則中寫作 jölkä、而訓爲川。註四 Pavet de Courteille (p. 298) 在 čölgä 條下、除訓爲「灌漑的平原」外、又訓爲「城市的區域。」Vámbéry 在 ǰölgä 條下訓義亦同。如此看來、他們在 Vullers 以爲有兩箇字的地方、認作一字。一箇是訓爲灌漑的平原之 čölgä、一箇是訓爲疆域之 ǰölgä。Vullers 對於後一字、取材於 Quatremère 所撰之 Notices et Extraits, XIV, 1, 59.（Quatremère 讀作 ǰülkä）很多、因爲此字自蒙古時代以來、常見於波斯載籍、甚至並見於 Bābur 的「記錄」之波斯文譯本。（我現在在突厥語原文中尙未檢出、或者其中未用此字。）然而又可證明這是一箇古蒙古語著錄之字、考所謂 Darmabala（Dharmapāla）「寡婦的聖旨」、是用八思巴（'phags-pa）字母寫的、有人考訂他的年代是一三〇九年同一三二一年。然而也可說是一三三三年、這道聖旨說有一箇「保定」čölgä、此字經 Pozdnéev 在蒙古字典中檢出、就是漢語「路」之對稱、同一寫法及同一訓義、並見於一三一四年之蒙漢文聖旨碑。註五 復次尙有未曾刊布之一三六二年漢蒙兩體大碑文、是用畏吾兒字寫的。其中言有「Isina 之 čölgä」、這就是元代之亦集乃路。Marco Polo 之 Eçin、今之 Etsin-ghol、此字連同「路」的訓義、曾用 čhol-kha 的寫法、移植於西藏語中。註六八思巴字母的譯寫、同西藏語的假借、可以使人假定他是出於蒙古語之 čölgä 一字的。可是此字今所未識、如此看來、確有兩箇不同的字、如 Vullers 所默認者。可是他的 jölgä 好像應讀若 čölgä、而他的 čölgä 應爲 jölgä 或 jülgä。我對於尋求彼此二字之波斯語的起源、並不見有何種理由。註七

註二　關於突厥語之 čöl 者、可參考 Radlov III, 2043。關於蒙古語之 čöl 者、Kovalevskii 同 Golstunskii 皆訓其義爲「泥」、並假借有「汚穢」之義。可是在他們所舉諸例之中、有幾次訓爲「荒野。」他們在翻譯下面兩語之中、可有一種矛盾、čöl oro 猶言進入 čöl 者、則譯作進入「有水的低地裏面。」又如 čöl ghojar 猶言 čöl 之地者、乃譯作「無水之地。」或者對於此二字在此處有所混解。（設若 Kovalevskii 所指訓義爲「泥」之 čül 韻母加得不錯、其爲混解無疑。）總之、čöl 一字訓爲荒野、已早見於蒙古語中、曾爲元朝祕史第一八八則所著錄、並在拉施哀丁書相對的波斯文記載裏面亦作 čöl（參考亞洲報一九二〇年刊上册、一七六頁、一七八頁、一七九頁惟一七八頁註二所引之 Trudy、應作第十三册、原誤作第十五册。）Ibn-Muhannā 之字典在突厥語部份中未言 čöl、然在蒙古語部份中則有訓作荒野（barr）之 čöl、可參考 Melioranskii 撰文、見 ZVOIRAO, XV, 132。（其中

čül 之韻母是不對的、）考蒙古語之十地經（Daśabhūmikasūtra）、卽以 čöl 對漢文之曠野、同梵文之 aṭavī 可參考 J. Rahder 撰十地經疏。（Rahder 並指出有一箇相等的西藏字 mya-ṅan 訓爲「憂苦」「困難」、顧蒙文本必是從西藏文本翻譯的、好像在現在西藏文本中、曾將 mya-ṅan（憂苦）同 mya-ṅam（沙磧）兩字混而爲一。）此外 Kovalevskii 僅在諸字典中檢出 čöl 之兩箇西藏語的對稱。一箇是 'phyan 沒有見着名詞、僅僅見有動詞、其意似是「浪遊。」至若別一字 gdon-duṅ 就是西藏語通常訓爲荒野之字。因爲拉施哀丁書中有此訓作荒野之 čöl 字、所以此字曾爲波斯語字典所收。（參考 Vullers, 602）可是 Vullers 並未說他認定 čöl 是一箇波斯語的字。

註三　或者 Vullers 想到 čölgä 是從突厥語的 čöl（荒野）同波斯語的 ga（地方）兩字構成的、而 Radlov 僅僅將他抄錄、可是這種假定並無價值。案 čöl 與 ǰölgä 發聲之不同、Vámbéry 曾在「察合台語研究」二八一頁中說過、可是 Pavet de Courteille 在東突厥語字典二九八頁中、並未言及。

註四　如果元朝祕史之譯寫正確、則應寫作 ǰölgä、而不應隨 Kovalevskii 寫作 ǰülgä。又考 Rudnev 在其所撰之 Materialy po govoram Vostočnoi Mongolii, l. c. 90. 中、對於蒙古文保存 ǰülgä 的寫法、並指出鄂爾多斯（Ordos）方言中之 ǰölghe、此字好像證明古

寫 jülgä 之是此外還有一箇突厥字 jïlghä 訓爲「灌漑的川谷」者(Radlov, IV, 128)
在新疆西南同吐魯番一帶時常使用、或者他同 jülgä 沒有關係。

註五　參考沙畹撰文、見通報一九〇八年刊第五十四碑第十七行、

註六　參考 Sarat Chandra Das, p. 428。西藏語字之本意、曾經 Huth 之蒙古佛教史第二篇一四七頁明白著錄、此處以西藏之三 čhol-kha (或三路)與中國本部之十三省(Khri-skor 又第二篇二二頁之 mučï 卽是蒙古語之 moji 漢語曰省)相對稱。案 čhol-kha 之借用、未見 Laufer 之「西藏語中之借用字」(通報一九一六年刊四〇三至五五二頁)著錄、在他的「支那伊蘭」補註五九一至五九七頁中亦未見之。

註七　突厥語中還有一箇表面與 čöïgä 相同的字亦訓作「疆域」同「州」、此字就是察合台語同 Osmanli 語中之 ölkä (ölgä?) (Radlov, I, 1253)、此字除見 Abušqa, 113—114. 外、未詳其沿革。

三四三頁註一：我以爲正當的寫法、應作 Qatïr-Buqu-khan、這箇多少附帶傳說之第一箇畏吾兒汗的名稱、Juwainī 寫作 Buqu、拉施哀丁則寫作 Bügü。註八至若在用「空樹幹」的意思解釋其固有名稱方面、好像欽察 (Qïpčaq) 也有同畏

吾兒 Bugu 或 Bügü 汗之相近的傳說。

註八　Bügü 是蒙古時代中國載籍的名稱、（參照亞洲報一九二〇年刊上册一五八頁、通報一九二八至一九二九年刊一三四頁。）Berezin, Trudy, V, 111—112 & VIII, 112. 中著錄之Tügü、應改作 Bügü。案 Berezin 所譯拉施哀丁書之文、以其事繫於乃蠻（Naïman）、由此可見 Bügü-khan（不可汗）的傳說、在全突厥世界中、或者並在突厥蒙古世界中很流行。（鈞案不可汗的名稱、見元史卷一二二「巴而朮阿而忒的斤傳、」）

三六二頁註二：討伐蔑兒乞（Märkit）的時代同地域、我以爲尙有疑義、我曾在亞洲報一九二〇年刊上册一六三至一六四頁略爲言及。可是對於這件問題、必須撰一專文、所以著者在此書中、同我在此書評中、皆不能作詳細的討論。關於 Čang-baligh 或 Čam-baligh（彰八里）者、我曾鳩集了不少漢文記載、還須加入 Tarikh-i Rashidi, p. 291 之文。此外在 Semiréc'e 之一景教碑中、好像有 Čam-baligh 的著錄、可是未爲人所識。（參考 Chwolson, Syrisch-nestorian. Grabinschriften, Neue Folge, 1897, p. 28）

三六二頁註四：　桑昆（Sängün）的本人名稱、（在元朝祕史裏面實應作 Sänggüm 我將來在我的蒙文本中別有說明、）在元史同聖武親征錄中皆作「亦剌哈」就是在與上面兩部漢籍同出一源的拉施哀丁書中、亦作 Ïlqa（Ilaqa?）。註九 可是在元朝祕史（一六五則、一六六則、一六七則）中皆作 Nilqa（你勒合、）這兩種寫法、好像是彼出於此。我曾在一九二〇年（亞洲報上冊一七六頁）假定、以為「亦剌哈」的寫法、是出於 Nilqa 的、或者因發聲的鼻音在方言裏面喪失、或是因蒙文原本原有脫誤。緣在古時表示 n 發聲之標點、常不標明、所以就譯作「亦剌哈」了。我意以為桑昆是王罕（Ong-khan）最幼的兒子、而 nilqa（今作 nilgha 此言小孩）有時具有「最幼」之義。註一〇 著者現在引證 Naṣīru-'d-Dīn Ṭūsī 所著錄的 Ilaqa、這箇寫法可以上溯到拉施哀丁書聖武親征錄元史等書同本之源。然而至少可以證明 Ïlqa 或 Ilaqa 的寫法、在此源中早已有過。此外攻取報達（Bagdad）時、波斯有箇蒙古統將亦名 Ïlqa、（參照 Bretschneider, Med. Researc. I, 111、他曾採用 Pauthier 之說、皆假定 Kuka Ïlqa 名稱中之 Kuka、含有漢將郭侃的名稱、）

我從前提出的兩種假定、並不因此而被打銷、不過用別的方法將他提出而已。案元朝祕史中 alif 發聲同 n 發聲相混、而致誤解的地方、卻有若干。(因爲發聲 n 字下面的一箇標點欠缺)元朝祕史第二五九則將 Nišapur (你沙不兒)寫作 Isäbur (亦薛不兒、)應該就是此類錯誤之一種。由此可以想到元朝祕史之 Nïlqa、就是十四世紀譯人爲蒙古語之 nïlqa 字所誘引、而致誤讀原文的寫法、可是他的正文應是 Ïlqa 或 Ïlaqa。註一一 然而有 n- 發聲同無 n- 發聲並用之例、間亦有之。蒙古祕史中之「羊毛」在第八五則寫作 nongqasun、在第一〇一則又寫作 ongqasun、就是一例。Kovalevskii 對於此字、於著錄 ongghasun 同 ongghosun 兩字以外、又有 noosu 同 noghosun (no'osun) 的寫法。又如蒙古祕史對於訓作「退」「回」的動詞、皆寫作 iču-。乃在舊蒙古語中則祇知有 niču-。如此看來可以發生這箇疑問、就是 Ïlqa 同 Nïlqa 是否皆是正當寫法、而實在代表兩種不同的方言?比方說 Ïlqa 是克烈(Kéraït)部的特別讀法、而 Nïlqa 是蒙古本部的讀法呢?

註九 有些拉施哀丁書寫本亦作 nïlqa、可是我以爲 ïlqa 是正寫。

註一〇　可參照元朝祕史第二四二則、成吉思汗的說話「迭兀揑侖米訥你勒合斡惕赤斤備者「(Dä' ünär-ün minu nilqa Otčigin büi-jä) 其意就是說「我的諸弟中最小的是斡赤斤」(Tämügä-otčigin)。

註一一　有一事可以參證譯人錯誤之說：近來在蒙古所發現的半部元朝祕史原本、其中錯誤無數。此本卽寫作 Ilqa Sänggüm、而不作 Nilqa Sänggüm 可是此本中 alif 同 n 的發聲相混的地方很多。

三七〇頁註四：　漢名「火都」就是元朝祕史中之 Qodu、而非 Qül-tughān。脫黑脫阿別乞 (Toqto'a-bäki) 同他兄弟兒子們的名字、將來要在一篇專文裏面研究。Berezin 對於這些名稱、曾作些武斷的改正、我不信 Qültughān-Markān (三七一頁) 的名稱在中國載籍中讀法如此。關於脫黑脫阿別乞的名稱者、可參考亞洲報一九二〇年刊上冊一六四頁。Toqto'a 在蒙古時代漢譯中常作「脫脫」(= Toqtō)。可是還有「土土哈」一名、(元史卷一二八) 此名或者就是憲臺通紀 (一九一六年中國學報本) 中之「脫禿哈」、此種寫法可以說 Toqto'a 的讀音是 Toqtugha、由是可解 Tuqtughan 或 Toqtughan 名稱之理。

三八一頁：Vasilev 同 Berezin 曾以爲 ulugh-wazír（大丞相）就是 Aulo-botzile、著者不採他這一說是對的。其實 botzile 是一箇根據現在北京讀音的俄文寫法、此字應該寫作「孛極烈」（bögilä）、好像就是後來滿洲人的 beile（貝勒）爵號。我以爲很難在熬羅（Aulo, Auro, Ōlo, Ōro?）兩字中尋求 Qutula-qaghan 名稱之漢語的省譯。關於這箇十二世紀的蒙古國之記載、迄今歐洲的漢學家並未好好研究。關於全部中國載籍者、可參考通報一九二八至一九二九年刊一二六至一二八頁所著錄之王國維的遺書。

三八二頁：我以爲成吉思汗從未有過 qaghan（可汗）的尊號、我將來言及蒙古祕史時、別有說明。他的實在稱號、好像就是 Činggis-khan 或 Činggiz-khan。

三八二頁：著者首先以爲 Palladius 對於蒙古同韃靼所爲的判別、與同他所提出的解釋、頗難滿意。

三八二頁註四：著者曾採 Berezin 之說、以爲乃蠻人同幾箇別的部落、不名「掌饍官」曰 bögäül 或 bäkäül、而名曰 qunsat、此字在東蒙古讀若 qunǰat、可是

Berezin 的抄本曾假定是 qïsat 同 qïčat。（著者引文之外、尚須加入 Trudy, XV, 140、波斯文 210）此種寫法曾經拉施哀丁所指的 qïsmïšï（壓碎）語源所互證。此字當然是出於突厥語分詞之 qïsmïš、而加 -ï 成爲波斯名詞的寫法。而此突厥分詞、也是本於一切突厥方言中之 qïs-（壓碎）者。Trudy, XIII, 130 中之 Uqdai-Qunǰat、用最好的寫本來校對、應作 Bugadai-Qïčat、而此字可以聖武親征錄相對之文證之、其中漢譯名作「不花台乞察」、其對音應作 Buqatai-Qïča（f）、註一二 乃蠻人稱呼掌饍官的字、直接發源於突厥語、固然是一箇特別有關係的事實、可是拉施哀丁的突厥語源時常可疑。而且在突厥語中、一種 qïsat 的寫法、不容易本於 qïs- 的動詞字根。如此看來、我們應該等待別的調查、再作定讞。註一三 至若 -s- 同 -č- 之互用、在蒙古語中已見有之、但是要在發聲首一字上見過、此處所言者、祇能說有兩種蒙古方言的寫法、而用 -s- 之例、似如拉施哀丁之說出於乃蠻、我以爲這兩種寫法迄今尚未在別處見過。

註一二 元朝祕史（第一六八則）在此處說有兩人名喚 Buqataï（不合台）同 Qïrataï

(乞剌台。)設若原文如此、譯人所用的本子必定有誤。因爲最近發現的蒙古文原本寫作 Buqataï Kïčïghutai 這種寫法顯亦有誤。可是將 qïčat 之 č 保存了、我乘此機會附帶說說在關於 Buqataï-qïčat 之記載裏面並不是食「馬」乃是「訂婚宴」即蒙古語之 bu'uljar (孛兒札。)因爲拉施哀丁之善抄本皆作 būljar、可以證已。

註一三 使我不能承認其出於突厥語者、就是因爲有 -at 的寫法、不然就可說是蒙古人採用於突厥方言的官號了。其中有不少名號來歷不明、比方以 qïsat 同 qïčat 爲對稱的 bögäül 之例、同他的意義幾盡相同的 baurčï 之例、就是此類名號。案在 Bābur 時代、bögäül 位在 baurčï 之上、世人翻譯其義、隨便將前一名譯作獻酒人、後一名譯作廚夫。前一字雖在不少突厥蒙古名號中見過、可是迄今尚未見何種蒙古語文件著錄。至若後一字在蒙古祕史中(第一二四則、第二〇八則、第二二九則、)寫作 bawurčï (保兀兒臣。)

三八三頁: 第六項所言之人、並不是在一箇地方執劍的人、乃是執刀的人、(猶之執弓箭之 qorčï)。這就是後來記載中的 üldüčï (雲都赤)、在舊蒙古語中作 ïldüčï

三八三頁: 第七項中之 aqtačï、曾見蒙古祕史著錄、(第一二四則之阿黑塔臣。)

三八三頁：以執箭人作使者的習慣、唐代的吐蕃業已有之。著者在他很巧妙的假定中、以爲此四人應是「遠去箭」同「近去箭、」或者具有理由。可是不應忘者、在蒙文原本中 qo'očaq（豁斡察）同 odola（斡多剌）是在他書所未見的箭名、而 qola（遠）同 oyïra（近）乃是重出之語。

三八三頁：敍述成吉思汗同他後人的「宿衞、」值得特別撰一專文、現在暫時可以沙畹的考註、（通報一九〇四年刊四一九至四二一頁）同 Yule-Cordier, Marco Polo, I, 379-381, Notes and Addenda, 69、補充著者的記載。最晚從十四世紀初年起、我們確知宿衞的名稱是 käšik、衞士的名稱是 käšiktäi、單數作 käšiktü（同 käšiktäi）。雖然有 Yule 同 Cordier 的修改、Marco Polo 抄本裏面的 Quesitan（Quesictan）應該保存、不可改作 Quesican。不幸 Benedetto 君隨着 Yule 改了、Blochet 在他的拉施哀丁書刊本裏面、始終採用的 Käzikbānān、好像也應讀若 käziktänān。這就是波斯語 käziktän 的複數、元史語解不識這些 käšiktän, käšiktü, käšiktäi, 字的漢譯名、將他妄改作 jïsäyitäi。殊不知這箇古字、現在尚在蒙古 Kešikten（克什克騰）旗名中見着現在的許多蒙古部落名稱、出於蒙古時代宮廷一種職名的、頗不少見。這箇 käšik、同他轉化出來的那些名稱在元朝末年雖確然有據、可保不住他是原來有的寫法。拉施哀丁曾將波斯語 käziktän 的複數寫作 käziktänän、而在他處又說有每三日更番的四部 käzik（Blochet, II, 532）然在別處又寫作 käšik。（Quatremère 蒙古史 309-311）又一方面元史的漢譯名作「怯薛」、核以薛字的音讀、似可假定他的對音是 Käsäk, Käsäktän 或是 Käzäk, Käzäktän、而非 Käšik, Käšiktän。此外我們應該追憶者、元史所本之源是 i 音前之 s- 仍作 s- 的讀法、而不像元朝祕史之 s- 始終變作 š- 的讀法。此種 i 前之 s- 變爲 š- 之轉化、好像在十三世紀末年時、或者首先僅在若干方言中有之。舊蒙古語現僅知有 käšik（kešik）一字、訓義爲「恩惠」「仁慈」可是我以爲這實在就是古時訓爲「宿衞」的 käšik。不過蒙古人並將他的兩種意義從畏吾兒語中假借來了。此字在畏吾兒語中實訓作「番直」、並由此轉出「命運」之義。（Radlov, II, 1172-1176; Müller, Uigurica, II, 22, 68,）、在別的方言中、比方在乞兒吉思語中也見有 käzäk 的讀法、

（可是不可同訓爲「塊」「支」的 käzäk 相混、具有此義的蒙古字是 käšï'ün、不知是否假借而來的。）我以爲蒙古人借用此字之時、曾有若干時間、躊躇於 käzik 或 käzäk 兩種讀法之間。可是蒙古語昔無 z 聲母、曾以 ǰ 或 s 代替、由是 käzäk 讀法轉爲 käsäk 讀法。元代漢譯「怯薛」所代表的、就是後一箇字的對音。至若 käzik 的讀法、在察合台語同若干波斯著作家的撰述之中、當然仍舊存在、可是先用 käsik、後在十四世紀中轉爲 käšik 的今讀。滿洲語曾借用此字、讀作 kesi、而訓其義爲「幸福」「福祐」。註一四

註一四　如此看來、本書三八三頁註七、同他所註的正文、皆應改正。käšik 不可用「有福」來解釋、而 käšiktän 無論如何不得是 käšik 的複數。

組成宿衞的兩種人、著者名之曰 turgewut 及 kebtewut（單數 kebtewur）前一箇名稱應作 turqa'ut（＝turgha'ut 土兒合兀惕）這就是 turqaq（＝turghaq）的複數、此名是從突厥語假借而來的、其在 Qutadghu bilig 中已有宿衞之義。（Radlov, III, 1457）註一五　著者根據元朝祕史（例如第一九二則）所言之「荅闌土兒

合兀惕、」(dalan turqa'ut) 質言之「七十箇日衞、」並見於拉施哀丁書、其中所言之 Toqučar 就有 Dalan-turqaqtu Toqučar (Berezin, Trudy, V, 151; XV, 14) 的綽號。質言之、有七十箇衞士的 Toqučar 其接尾詞 -tu、就是蒙古語照例表示物主的接尾詞。這箇 turqaq (turghaq) (複數作 turqa'ut, turgha'ut) 雖然未在舊蒙古語中直接留存、我確信以爲在 Torghōt (今寫作 Torghoot) 或 Torghūt (鈞案疑卽土爾扈特) 名稱之中、重見此字。可是撒難薛禪 (Sanang-Secen) 的蒙古源流、尙在採用古寫的 Torgha'ut (Turgha'ut)。至若 Howorth (I, 558) 同 Aristor (Zamétki o korennom sostavé, 308) 對於此字的解釋、皆是穿鑿之說。Torghōt 之得此名者、或是因爲留存他們做過成吉思汗宿衞的紀念、或是因爲他們是克烈部的後人、因爲根據元朝祕史、turghaq 的組織在成吉思汗採用以前、克烈部中早已有過。

註一五 Turqaq (=turghaq) 或 Turghaq 的名稱、不僅在元朝祕史常見、而且並見拉施哀丁書中。Berezin (V, 280; XV, 128) 解釋此字、有時說是「留住、」有時說是「戰士。」

註一六

Blochet (II, 27, 77; App., p. 29) 則用「衞」「哨」的解釋很對、可是他加註蒙文、好像是眞在一箇蒙古文中見過。其實我們的蒙文字典不知有此 turghaq 字、好像是 Blochet 根據突厥字的暗示、將他變作蒙古文的。關於此字在波斯語中借用者、可再參考 Vullers, I, 435。

註一六　我久已作了一篇喀爾木（Kalmouks）的古史研究、因爲有若干難題尚未解決、所以我未將他刊行。我就在這篇研究裏面重提 Torghôt 的歷史現在我爲預防將來的一種責難、要在此處略爲聲明。Berezin 雖然懷疑、可是他曾假定 Torghôt 的名稱很古、以爲在成吉思汗時卽見有之。其實這是一種錯誤、他所識爲 Torghut 者（V, 78）應寫作 Targhut、這就是元朝祕史（第一二〇則）之塔兒忽惕部落。

至若 kebtewut 或元朝祕史中之 käbtä'üt、他的單數並不是 kebtewur（此字從來未曾見過、）乃是 käbtä'ül。元朝祕史卽常見有「客卜帖兀勒」的名稱、這也就是著者本人在 Berezin 的訛寫裏面所見之 käbtäül。此字在今日蒙文中未見存在、好像是從蒙古語 käbtä-（臥）字構成的。如果不錯的話、則同察合台語 yatïš 同 yatagh（夜衞）兩字的構成一樣。他的字根也是本於 yat-（臥）字而來的。可是關於職務名稱、突厥語同蒙古語用 -'ul(<-ghul) 或 -'ül(<-gül) 的轉化之起源、現尚不明其理。註一七

註一七 W. Bang 曾在 Vom Koktürkischen zum Osmanischen II-III, 56-66 中、輯了若干用 'ul,-'ül 接尾的字、以爲原來是些抽象字。我以爲此說並未證明、應該重行研究、尋求這種接尾詞是否在蒙古語同突厥語中原來皆有、抑此種眞正蒙古語的構成與突厥語用同一接尾詞的構成相類。其中有不少字今尚曖昧不明、從前所說的 bögäül 或 bäkäül (bägäül?) 就是這一類的字。Bang 所輯諸字之中、尚應將 Sartaghul Sarta'ul（撒兒荅兀勒）一字歸納在內、這就是中世紀時蒙古語回教徒的名稱、（要爲俄屬土耳其斯坦回教徒之稱。）這箇字還有 Sartaqtai 同 Sartaqčïn 的寫法、連同從 Sartaq（此是蒙古時代很熟識的人名）轉化而來的若干字、皆是出於 Sart 的。（最後一種寫法、已見 Qutadghu bilig 用過、）又如拉施哀丁書（Berezin, Trudy, V, 205; XV, 23, 142, 170, 178）中之 Qoša'ul, Qošiqul, Qošaqul 等字、拉施哀丁說其義是從別隊的每十人中挑出兩人組織這種隊伍、如此看來、此字好像是本於突厥語之 qoš（雙）字者、Berezin, Trudy, XV, 23 中之一段記載、在聖武親征錄(王國維本五九頁)相對之文中作「火

朱勒」其對音應是 qoǰul。可是譯名第二字或者有誤、（或者爲殊字之誤、）關於用 -aul 接尾之寫法者可參考 von Le Coq, Türk. Namen und Titel in Indien, 5—6.

三八三頁：　把門的人、著者假定是 ä'üdänči（額闊闌赤、）是不錯的。

三八四頁：　成吉思汗的旗幟、不是（一箇九箇白尾的旗幟、）乃是「一箇九尾白旗。」（元朝祕史第二〇二則云「也孫闊勒禿察合安秃黑、」yäsün költü čaqa'an tuq、猶言有九脚的白旄纛。）köl 此言脚、漢語對稱作尾、蓋卽旗旁的九斿。我曾看見波斯的小畫像、其中有蒙古旗幟、又見着中國繪畫、上繪有蒙古人以前之游牧部落的旗幟、所以作此解。至若孟珙（似應作趙珙）所言之大旗、並不是成吉思汗之大旗、乃是木華黎之大旗、也有九尾。至若上面的「黑月、」我們不能說他是成吉思汗旗上有的、抑是木華黎旗上所獨有者、我的意思編於後說。

三八五頁：　著者說軍中貴人與同突厥皆有 tarkhan（達干）之號、我所見的史文、好像不能辯解此種概括之說。又如所言宴會中對於 tarkhan（蒙古語作 darqan 荅剌罕）表示的禮節、也不很對。本書所說的宴會、就是關係兩箇牧人的宴會。此二牧人名喚 Badai（巴歹）同 Qišliq（元朝祕史作 Qišliq 乞失里黑）、成吉思汗封他們為「荅刺罕」、又「與他兩箇做宿衛的教帶弓箭、飲酒時又許他喝盞。」（ötök 斡脫克）註一八

註一八　元朝祕史第一八七則譯意如此。Palladius 曾有誤解。ötök 或動詞 ötöklä'ül、在元朝祕史（第一五四第一八九等則）中凡數見、ötök 的意思就是進酒、ötöklä'ül 就是出於 ötök 的稱呼動詞之說明詞。一三六六年的輟耕錄（21, 19—20）喝盞條云「天子凡宴饗、一人執酒觴立於右階、一人執柏板立於左階。執板者抑揚其聲贊曰、『斡脫』、執觴者如其聲和之曰、『打弼』、則執板者節一板、從而王侯卿相合坐者坐合立者立。於是衆樂皆作、然後進酒詣上前、上飲畢、授觴、衆樂皆止。別奏曲以飲陪位之官、謂之喝盞。蓋沿襲亡金舊禮、至今不廢。諸王大臣非有賜命、不敢用焉。「斡脫」「打弼」彼中方言、未暇考求其義。」陶宗儀說是亡金舊禮、恐怕不對。好像是一種突厥習慣、「斡脫」當然是元朝祕史的「斡脫克」（ötök）、此字在蒙古語中未曾留存、可是我以為蒙古語原無此字、似出於突厥語之 ötüg（此言請。）蒙古語借用時必定很晚、因為 ötü- 在蒙古語中相對之字是 öči-、業已完全證明。總之、此種勸飲之詞、同漢語「請請」相合。至若「打弼」蒙古時代譯寫的對

音應作 dabi、（因爲阿爾泰語之漢語譯音在發聲的 t- 與 d- 之間常不一定、）我以爲就是突厥語之 tabïq 或 tabuq、此言「敬禮」此字現在蒙古語中有之、可是假借於突厥語者。（參考 Vladimircov, ZVOIRAO, XX 170）如此看來第一箇傳人說「請、」第二箇傳人說「致敬。」又考蒙古時代之中國載籍時常著錄有一種名曰「斡脫」（常語作斡脫）之人、譯名雖然一樣、可是來源不同此第二斡脫所代表的對音是 ortaq 之 ortoq、這就是世人已識之回教徒所組織的商業組合。

三八六頁：左面猶言東方者、並不是因爲蒙古人以南方爲大因爲他習用中國人面南的習慣。

三八七頁：在俄文本中亦作 Tashatun 皆誤。說到這箇畏兀兒人的惟一史文、就是元史卷一二四他的列傳、元史名此人曰「塔塔統阿、」此名尙未能完全還原、可是後半祇能是突厥語之 tonga。（英雄）（亞洲報一九一三年刊四五七頁）所可異者、十三世紀的載籍、並無他書著錄此名、亦無隱喩他的歷史者。他得名好像在受追贈的封號之時、（一三〇八年、）或者他的名聲因此遂重。註一九

註一九　自從 Abel Rémusat 撰有關於塔塔統阿之文以後、（亞洲新雜纂第二册六一至六三

頁）此人遂爲歐洲熟識之人。其所本者、乃是元史類編（卷二八）之塔塔統阿傳、其實元史類編乃是節錄元史之文。Rémusat 說到成吉思汗同塔塔統阿談話一節、不知何故他說。「此事在種種滿漢文撰述中記述較詳。」要是他所指者就是他所能見的元史、又不知何故他不直接利用。（蒙兀兒史記之塔塔統阿傳所本的也祇有元史、可並參考 Asia Major, II, 287。）而且 Rémusat 在六二頁有所誤解他將塔塔統阿諭諸子的話、除開這種誤會以外、元史同元史類編之文、還有一種重大差別。元史類編說、「教太子諸王以畏兀字書。」（太子諸王並不是成吉思汗長子同其他諸蒙古王。在一二〇六年時、還談不到太子或儲君。蒙韃備錄太子諸王條、曾名成吉思汗諸子皆曰太子。此外金朝同後來蒙古人對於太子的稱呼、用得更泛。）可是元史原文則說、「命教太子諸王以畏兀字書國言。」Klaproth 曾說、「在成吉思汗同他後來窩闊台貴由蒙哥三汗時代所書寫的、並不是蒙古語言、乃是畏兀兒語言。」Rémusat 若是曾見元史此文、必不在一八二〇年他所撰的「韃靼語言之尋究」一文中、轉錄 Klaproth 之說。總之、在十三世紀之初、用畏吾兒字寫蒙古語、是無可疑的。我們不知道成吉思汗在一二〇六年命失吉忽禿忽（Šigi-Qutuqu）將所斷之事、寫在此後所說的青册、是用何種語言。首先令人想到的、應是蒙古語、不過對於書寫的時代、尚有疑義。後來成吉思汗在西域同丘處機論道、曾在一二二二年十月二十九日、

「令左右錄之仍敕誌以漢字。」又在一二二三年一月三十一日將他同處機的談話、「敕左右記以回紇字、」處機所說的回紇、有時指回教徒、有時指畏吾兒此處所說的、好像是用蒙古字寫蒙古語。（鈞案所記者應是蒙古語、因爲西遊記卽有：「卽令太師阿海以蒙古語譯奏」之語。）總之、無論如何那件應是一二二五年的所謂「成吉思汗碑」卽是如此寫法。又如貴由（Güyük）的印章也是用畏吾兒字寫蒙古文。

就是案照元史的塔塔阿傳、也祇說成吉思汗聆悉乃蠻可汗金印的用處以後、就命塔塔統阿掌管他自己的印章。可是塔塔統阿傳同其他成吉思汗時代的任何記載、對於成吉思汗所用的印章、據我所知、並無記述。乃蠻汗的金印、當然不是中亞的第一箇金印、也不是末一箇金印、但是尚未見相當的蒙古語名。突厥語之 altun tamgha、可以訓爲金印、其實並不是金鑄之印、乃是用金印色鈐蓋之印。（Pavet de Courteille 東突厥語字典三一頁）著者說蒙古君主有兩箇印章、一箇是 al-tamgha（朱印、）一箇是 kök-tamgha（青印、）其實這是突厥語的名稱、現在還未見着蒙古語 altamagha 同 kökö-tamagha 的對稱。註二〇

註一〇　蒙古語的 tamagha、好像是出於突厥語之 tangha、此字在嗢昆河諸碑中已曾寫作 tamqa。

現在我們直接知道蒙古君主的印章、祇有白紙上鈐蓋的朱印。貴由的印、同波斯諸伊兒汗（ilkhan）的印皆是如此。自從十三世紀中葉以後、時常見着 al-tangha（朱印）的名稱。至若 kök-tangha（青印、）Hammer（Goldene Horde, 219）已有著錄。著者說：「青印在表面上、好像在隆重機會中鈐蓋於頒發宗室的文書之上。」又在註中引證拉施哀丁書（Berezin, Trudy, V, 40; 波斯文 VII, 51）中之一箇青印的例子、可是此例也就是 Hammer 已引之例、並未說此名或此事會見他書著錄。考拉施哀丁書此段所記的、乃是關於旭烈兀（Hulaqu）汗一箇同伴的諸子之文。此人之諸子、曾事阿八哈（Abagha）汗、中有一人名稱 Aruq、「有一次奉使到汗（Khubilai 忽必烈）處帶回一箇 kök-tangha、而將此地（波斯）的 süsünči

註二一　皆交他管理。嗣後阿八哈汗封他爲 émir。」（異密、註二二）觀此文可見其並未說到此青印的性質同價值、也未說他是交給阿八哈汗、而不是交給 Aruq

箇人的一件文書、所以我以爲著者在此處的結論未免過早、或者有一種別的解釋、我所提出的解釋也是一種很假定的解釋。

註二二　其義似指管糧食的官。

註二三　鈞案「異密」是唐人譯名、是宮廷大官同各州長官之稱。

Palladius 所譯的元朝祕史、乃是永樂大典的節譯本蒙文祕史足本第二〇三則說、成吉思汗如何命失吉忽禿忽爲斷事官、如何命他將科斷寫在青册。Palladius（北京的 Trudy, IV, 115）譯青册爲黑册、Vladimircov（Cingis-khan, p. 80）同著者（三九一頁）也隨着用這箇譯名。Palladius 在一篇長註裏面、辯解他的譯文說青册就是黑册、是册的通稱、如戶口青册之類、有時也指皇帝的封册。他又說蒙古人記事還用一種名稱 sambar 的木册、上面塗以奶油、擦以 arghal 灰、用蘆管在上面書寫。Palladius 的調查好的很多、在此處可有錯誤。案 sambar（蒙古語應寫作 sambara）是代替石板或黑板的、保存固較紙張久遠、可是他的目的並不在將他長遠保存。顧祕史所言之青册、猶言藍册、我不信他有如此詳明的意義、至若戶口册、就是調查人口的册子。常以戶口册爲名、我從來沒有聽見戶口青册的名稱。案照祕史第二〇三則的記載、青册就是闊闊迭卜帖兒（kökö dabtär）的意譯、上面所記的、就是分配人民於蒙古貴人的事情、同裁判的科斷、將來裝訂成册。成吉思汗接着說、

「青文書白紙造册來、休更改了者、更改的人有罰。」

案照這段記載、究竟闊闊迭卜帖兒或青册、是用何物造成呢？應該注意的第一要點、就是其事在一二〇六年、當時若說失吉忽禿忽能夠讀書寫字、似乎很奇。或者是他自己不識字、命書記代寫。案祕史撰年是一二四〇年、或者傳說的人將後來的事情繫在一二〇六年下。總之、無論青册是在何時編造的、應該是用畏吾兒字寫蒙古語、用白紙裝訂。可是寫的是青色的字、因爲原文說有一種闊闊必赤克。（kökö bičik 青文書）此語可作兩解、或者是在白紙上寫藍字、或者在藍紙上用一種別的顏色書寫。註二三 我們現在已見過藍色字的蒙古文、比方現在國民圖書館所藏北京刊布的蒙文「甘珠爾」（Kanjur）就是一種。此外在東亞也常見在深藍色同幾近黑色的紙上書寫、這種習慣今在唐代金字佛教寫經中見過、曾在中世紀時流傳於蒙古

西藏西夏等地、在明朝時、道士所上的青詞、是在深藍色紙上寫紅色字。此處所記白紙裝訂的青册、好像紙是別色。若是我們知道有俗家用的書册是如此寫法、我將很願意假定他是在深藍色紙上寫紅字或金字。註二四 現在既無這種痕跡、我暫時祇能承認他是白紙藍字、但是無論用的甚麼紙墨、這箇記載貴人分民同特權的青册、似爲一種隨時可以要求之册籍。我由是重說到 Aruq 同他的 kök-tangha 了、他從忽必烈汗處帶回波斯的、或者就是此種蒙古系譜的繕本。這件公文當然蓋用印信、保證他是真的。註二五 既是青册的繕本、由是習慣蓋用青印、抑或是 kök-tangha 的名稱推廣及於上寫青字如同原本的青册繕本、由是有 kök 蓋用印信、由是有 tam-gha。還有一說可以主張、因爲有青册、所以後來將青印的名稱適用於蒙古帝國最高法院所宣佈的一切裁判、復次青册或者可同玄奘在印度所見的 nilapiṭa 相比擬。（Julien 西域記譯本第一册七二頁）

註二三　我在此處僅說紙張、然而也可說在皮上書寫。我曾搜集了幾種關於羊皮蒙文古寫本的記載、可參考淵穎集卷七中的註釋、同升菴合集卷一六九。至若 diphthêra、就是根據波斯語 däftär 蒙古語 däbtär 等字而來的。原指皮寫本、同梵文 pustaka 印度斯坦語 pothī（印度寫本習用之稱）本於伊蘭語的 pōst（皮）例子一樣、可並參考法寶義林四七頁（baita 條。）這些在皮上書寫的蒙文寫本、應該同中國猶太教徒對於他們的「五經」（Pentateuques）繼續使用的寫本一樣。還有摩尼教的皮書寫本、（參考 A. Stein, Innermost Asia, 594）可是在此處 däbtär 所用的原料、無大關係、我們所應知道的、就是「青」字的意義。

註二四 拉施哀丁有時說到一種蒙古文書、名稱 Altan däbtär 或金冊者、內容好像是蒙古諸大部落的系譜。此書可以說是寫的金字、可是其他史籍的標題、如 Altan tobči 者、必定無此意義、「金」的意義在此標題裏面、可以訓爲「寶貴。」

註二五 此事當然不能說失吉忽禿忽未曾裁判別種案件、也不能說這些別的案件未曾載入青冊。關於失吉忽禿忽斷事官之任務者、著者曾採用拉施哀丁書之一條、（Berezin, Trudy, V, 59）雖然 Berezin 說這一段是竄入之文、我覺得著者有引證此條的理由。

三九一頁：著者云：「Great Bakhshi 就是若干區域民事官廳的長官、漢語名稱 taishi、在成吉思汗在生時代、女眞人做中國的蒙古長官者卽有這箇 taishi 官號。

作副貳之哈剌契丹（Qarā-Khiṭāy）同女真的領軍、則有 daishi 之號。拉施哀丁說這就是萬戶長」這一段中著者有若干本於來源的錯誤、還有若干點也須要有詳細之說明。

第二句中之 daishi (daiši)、猶言萬戶（tümän）而等若 taiši 之說、乃是本於 Berezin 之誤讀。在著者所引那一段中、Berezin（Trudy, XV, 143）說有一 Uyaru-daiši 著者所引 daiši 之萬戶的解釋、就在此人名號之下、可是就在 Berezin 的原寫本中、（Trudy XV, 波斯文 p. 214）又曾表示這箇名稱應讀若 Uyar-vanšai、（或 Üyär-vanšai）這也就是 Berezin 在 Trudy, XV, 33 中譯寫不誤的 Üyär-vanšai。這箇具有萬戶意義的 vanšai 註釋、已見此第一段中著錄、他的對音就是漢語「元帥」、毫無可疑。註二六 聖武親征錄相對之文（王國維本五九頁）即作烏葉兒元帥、此人也就是元史卷一二〇有傳之吾也而。註二七

註二六　拉施哀丁也用 vangšai 同 vanšai 的寫法、又有 yungšai 或 jungšai、也皆是元帥之對音。後面的寫法、好像是蒙古語讀音已由 y- 轉爲 j- 而 n 業經喉音化了。元朝祕史中成

吉思汗的一箇同伴、其名歷經寫作 J̌ungso(J̌ungsu?), J̌ungsai, J̌ungšai, J̌ungšwai, 者、好像也就是用這箇官號作人名。

註二七　這些人名之考訂毫無可疑、可是拉施哀丁說吾也而是一箇哈剌契丹人、質言之、一箇契丹人。（拉施哀丁所指之哈剌契丹、乃並指中國北方之契丹同八剌沙袞之契丹而言。）至若元史列傳則說他是一箇珊竹人、質言之、一箇 Salǰi'ut （散只兀部）人。如此看來、是一箇蒙古人、其父名圖魯華察。（Turghačaq? Turghača?）錢大昕的元史氏族表列舉有此族之若干人名。不見元史、好像是本於我所未見之碑誌的。拉施哀丁或者將吾也而所管的漢人（質言之他所謂的契丹人）同哈剌契丹人混而爲一、其事也有可能。元史說吾也而卒年九十六、始一一六二、迄一二五七、我的珊竹即是散只兀的考訂、早已見於錢大昕的元史氏族表。若是根據 Berezin 本、關於蒙古諸部落的記載、可有 Salǰiut 同 Sanǰiut 的兩種寫法。但是其中有兩箇寫本（較善本）則作 Šiǰiut。這箇寫法我想必是元朝祕史第四六則之 Šiǰi'udai （失主兀歹）。關於 Salǰi'ut 的名稱、雖然有蒙古氏族的傳說、好像也就是 Salǰuq（Seldjoucides 塞爾柱克朝）的對稱。但是著者（二五七頁）說此後一名稱實作 Säljük、則使人難作此種考訂了。

著者說 taiši 官號等若某一區域的民政長官大 bakhši、此說不知其何所本。拉施哀丁的註釋說 taiši 是 bakhši-i buzurg、同 bakhši u ustād-i buzurg、可是據我所知、一箇突厥語的 ulugh bakhši 名稱、或蒙古語的 yäkä baqši 名稱、從來未曾看見有這種對稱。至若蒙古文中之 taiši 的原名、有時指的是太子、質言之、儲君。可是這箇名稱在蒙古時代變爲親王之號、終又變爲有封地的貴人之稱。如近代之 taiji（太子）或 hong-taiji（皇太子 註二八）是已。有時指的是太師、這箇太師官號、就是中世紀真正中國的三公、位置很高、然無實職。則拉施哀丁之說並不確實。可是遼代的太師官號、在中央同地方文武官稱中有之、而這種太師完全與純粹中國的太師不同。遼代各部族中太師的官位、就在「夷離堇」（好像就是突厥蒙古的舊官號 irkin 或 erkin）之下、左右丞相之上。（遼史卷四六）這箇官號的本義既有這樣的變化、所以不復爲中國人所識、而在元朝祕史卷五十則之中譯 Näkün-taiši 曰：「揑坤太子、」註二九 又在聖武親征錄（三五頁）中寫作大石（太石、）註三〇 在輟耕錄同元史卷一〇七世系表中、又作太司。蒙古源流的譯人、也譯其音作「泰實」記載蒙古帝國起源的史文、有不少 taiši 可以釋為遼代的太師。這些太師既不是中國的太師、也不是一箇行政區域的長官。縱在蒙古帝國採用漢制設置真正太師之時、也未有過這種職務。則拉施哀丁時代的太師、大致是中央的高級官號。

註三一

註二八 鈞案明代俺荅之子紅台吉、清代準噶爾部之渾台吉皆是皇太子之訛譯。

註二九 Berezin (Trudy, XIII, 192) 對於此名假定的解說、說 näkün 即是 nikän(此言「)、當然不能採用。此字在現在蒙古語中並未留存、可是在元朝祕史第二百則中譯作「家人」。此外在 Горре (Izv. Ak. Nauk. 1928, 72) 研究的阿剌璧語蒙古語字典中、見有 näkün bōl（好像應該讀若 nekün bōl＝näkün bōl）一名、阿剌璧語譯作「女奴」(bōl 蒙古語寫作 bo'ol、字典僅譯其義、並未著錄阿剌璧語原文。）Горре 當時未識元朝祕史第二百則之文、可是他已將字典此字同 Näkün-taiši 及滿洲語的 nehu（女奴）共比對。

註三〇 此種譯法可以使人疑及建立西遼國的耶律大石、或者原來就是一箇耶律太師(taiši)。

註三一 這些中國官號之移植於北方外族的沿革、必須作一篇特別研究。比方蒙古時代初年之

säŋgün 或 säŋgüm、初見之、好像就是嗢昆河諸碑中業已著錄之 säŋgün（將軍）其實不然、疑是「相公」之對音。拉施哀丁業已作此類的解釋、（例如 Berezin, Trudy V, 98 所釋之 khudāvand zōdah）其移植於契丹語中之「詳穩」「常袞」「敞穩」等名、好像是相公、而非將軍。蒙古語之 linqum、似卽遼代之令穩（遼史卷四六）然未詳其原來之漢名。可以令人想到「郎君」可是「郎君」官號在遼代並見保存。

著者以爲女真人作中國之蒙古民政長官者、則有 taišï 之號、他所根據的、就是 Vasil'ev (Trudy, IV, 223) 的蒙韃備錄譯文。可是譯文前兩頁（二二一頁）曾以此同一 taišï 爲國王木華黎之官號、惜爲著者所未見。至若著者所言之太師、原文較有難題。案蒙韃備錄云「首相脫合太師者、乃兔花太傅之兄、原女真人、極狡猾、兄弟皆歸韃主（成吉思汗）爲將相。」關於兔花太傅者、並不難考訂其爲何人、這就是拉施哀丁書（Trudy, XV, 33 & 143）同聖武親征錄（五九頁）與烏葉兒元帥並見著錄之 Tuqa 元帥。他在元史卷一四九中有傳、其全名曰耶律禿花。他從木華黎收山東河北有功、拜太傅。死於統率諸軍攻金之時。他雖有太傅的官號、可並不是一箇文官。

至若其兄脫合、案照蒙古時代的譯音、應讀若脫哈。則兔花脫哈兩名、乃是同名異譯，蒙韃備錄僅以官號判別此兄弟二人、一箇是太師脫哈、（＝Toqa＝Tuqa）一箇是太傅兔花。（＝Tuqa）王國維曾經說過：「脫合太師既云兔花太傅之兄、則是耶律阿海也。脫合卽兔花、乃以弟名呼其兄也。」案耶律阿海元史卷一五〇有傳、一二一四年以功拜太師行中書省事、封禿花爲太傅足見他們兩兄弟是軍人、而不是文官。蒙韃備錄「原女真人」一說、祇能作有限制之贊成、說此二人原仕金國、早歸成吉思汗、是對的。可是他們的姓表示他們是契丹人、是遼國的宗室、此事可以解說西遊記之一段、而似經著者所混解者。著者說到哈剌契丹人在蒙古人取了撒麻耳干(Samarkand）以後、在此處同漢人與回教徒雜處一節。又說：「鎭守此城的阿海太師、是哈剌契丹人、他既然在成吉思汗同長春真人(丘處機）談話中作譯人、足證他了解中國文化。」就嚴格說、哈剌契丹人乃是成吉思汗前一世紀中從中國北部西徙之契丹人、也就是中國人所稱之西遼。著者在全書裏面好像卽作是解。既然如此、則在此處顯有錯誤：阿海之能了解中國文化者、卽因他是契丹人耶律阿海。他在歸附成吉思汗爲蒙古將以前、曾經作過金國的官吏。丘處機曾名之曰「移刺國公」移刺就是耶律之別譯、（耶律楚材亦作移刺楚才）元史耶律阿海傳曾說：「禿花從木華黎取中原、阿海從帝（成吉思汗）攻西域、俘其酋長只闌禿下蒲華（Buqara）尋斯干（Samarkand）等城。留監尋斯干、專任撫綏之責。」可見此人不是一箇哈剌契丹人。註三二

註三二　屠寄蒙兀兒史記所撰此二人的列傳、其中有時有些有關係的註解。我們對於契丹語雖然幾乎完全不明、阿海（Aqai, Aghai）一名或者可以解說。考晚代的女眞語有一箇 aqa'ai 字、此言奴、滿洲語的對稱是 aha（參考 Grube 撰「女眞之語言文字」八九頁）、可是古女眞語的讀法、在金史中作阿合（阿哈）。一一四三年的松漠紀聞說女眞語謂奴曰「亞海」、婢曰「亞海軫」。這些譯名足使我們承認古女眞語有一 aqai 或 akhai 字訓爲「奴」、而恰與耶律阿海之「阿海」對音相符。考當時的中國游牧部落、有許多人曾用這種名稱。木華黎的兒子名稱 Bo'ol（孛魯）此言「奴」。蒙古時代有許多漢名曰家奴、曰小厮、曰黑厮、好像皆是本於同一習慣。好像孕婦產後卽以初見之物或初見之人、爲其產

兒之名。我以爲契丹人說的是一種蒙古語言、因爲同些東胡（tongous）部落隣接、由是顎音很重。卽因這種隣接女眞語的「奴」字、並在契丹語中存在、其事頗有可能。抑或耶律阿海雖是契丹人、而居於金國、仕於金國、乃用一箇女眞名稱、亦理中或有之事。加以金代末年的契丹語、好像喪失不少地盤。據說成吉思汗同窩闊台（Ögödäi）汗的宰相耶律楚材是最後認識契丹文字的一人。至若女奴的名稱、松漠紀聞譯名之對音、好像是 aqa.ǰïn 或 akhaiǰïn。 其在滿洲語中似未留有相當的對稱。將來有人研究表示蒙古人女性接尾詞 -čïn 同 -qčïn 的時候、這箇 -ǰïn 接尾字可不要遺漏。此外可以參考拉施哀丁之說他說韃靼部落曾用部落之名爲人名、不過後面加一接尾字。男人用 -taï、女人用 -čïn（或 -ǰin?）（Trudy, V, 51—52）在元朝祕史裏面、女性的人名有時用 -qčïn、（如同現在對於牝獸顏色的名稱一樣。）可是有一箇今所未識之形容詞的判別、好像男子的接尾詞用 tu(-tü)、女人用 -taï(-täi)。

三九一同三九二頁註三： biki（別乞）稱號的問題、既不明瞭、而且複雜。案照漢語的譯寫、應讀若 beki、（就是元朝祕史的 bäki）毫無可疑、或者可對 begi、bägi。有人以爲這箇后妃公主的接尾「尊號」原來是出於突厥語之 bägi 者、蓋言之、

bäg 連同第三位表示物主格的接尾詞之 -i、而以不變的寫法經由蒙古語採用者。同突厥語之 tängrim（在 Semirěč'e 諸碑文方言中且作 tärim）、khanüm（de khanum）bägim（印度的 begum）等字、而連同第一位物主格的接尾詞之 -im 的例子一樣。可是此說很有疑義、我以爲著者將男人的 bäki 稱號、同女人的 bäki 或 bägi 稱號分開、較有理由。Vladimircov（Čingiskhan, 14, 84）言及 bäki 時、對於后妃公主的尊號亦無一言、而以爲此號原來是首領而兼巫人的稱號、此事有其可能。但是祇有一種根據著者所引元朝祕史這一段的推論、我現在並不想作甚麼結論、祇想引證一條新文元史卷一二二有唐兀(Tangut)人昔里鈐部傳、註三三其人應是一一九一至一二五九年間人、曾仕成吉思汗、後曾參加征西域諸役、曾在一二三七年參加圍攻斡羅思（Russie）也里贊城（Riazan）之役、又在一二三九至一二四〇年間參加攻取高加索（Caucase）滅怯思城（Maïkäs）之役。註三四錢大昕元史氏族表所載昔里鈐部的氏族、比較元史更爲完備、必是取材於碑誌的。註三五　其中曾說昔里鈐部之父「答加沙、仕其國（西夏）爲必吉、(bigi) 華言宰相也。」

註三三　「昔里」是姓氏、至若「鈐部、」元史本傳說：「亦云『甘卜、』音相近而互用也。」如此看來、即是元朝祕史之一箇名稱或名號的別譯。此名在元朝祕史中常寫作 gambu（或 gämbü 敢不、）而在蒙古時代有不少人名中如 ǰa'a-gambu（或 ǰaqa-gambu）Aǎa. gambu 等名、皆有此字。昔里鈐部之第三子名曰小鈐部、（鈞案元史卷一二三著錄有也蒲甘卜亦唐兀氏）我們習慣寫作 gambo、而將克烈部（Keräit）王罕（Ong-khan）的兄弟名字寫作 ǰagambo、這可是根據一種倘屬假定的名稱語源之純粹的協定寫法。拉施哀丁解說 ǰa-gambu 的名稱、說是「地方首領同受尊敬的首領。」又說 ǰā 猶言地方、gambu 猶言受尊敬者。（Berezin, Trudy, V, 89; VII, 125）、Vladimircov (Čingis-khan, 14) 說、gam-bo 或 ǰa-gam-bo 的稱號、是出於唐兀西藏語。好像祇有 gam-bo (gambu) 是稱號、而 ǰa-gambu 是人名、這話是不錯的。可是西夏語的知識現尚淺薄、此處既有西夏語之居間、就算原名是一箇西藏語名、也很難將他實在名稱還原。蒙兀兒史記王罕傳後說「札合敢不」（ǰa'a-gambu）中之「敢不」就是西藏的「贊普、」（bcan-p'o）這種解釋當然是不對的。在畏吾兒文寫的蒙古語裏面、ǰa'a 同 ǰaqa 寫法一樣。如此看來、拉施哀丁的寫法、應使我們寧取 ǰa'a=ǰa 的寫法。Berezin 對於此字不得其解、可是我覺得好像就是西藏語中之 rgya（此言廣大）此字在 rgya-nag（廣黑）一名、或簡單作 rgya 一名之中。用作中國的名稱。又在 rgya-gar（廣白）一名之中、用作「印度」的名稱。設若西夏人曾在 Ja（j=dz）名稱之下認識漢人、而此字可以說就是西藏語的 rgya。（參考通報一九一六年刊五六頁、我在此處與 Laufer 發表之說不能相合。可是我也承認、設若西藏語之 gya 的一種 ǰa 讀音、與西藏若干方言的讀音、及西藏之現在蒙古語的讀音相合、蒙古時代之漢語譯寫、倘應直接譯寫作 gya、而不應寫作 ǰa；但是我們應注意者、此處有西夏語之居間。）至若 gambu 一字、Berezin（Trudy, V, 261）以爲是西藏語、實在讀若 khambo 之 mkhan-po 而其義訓爲「師」、「和尚」。可是這種宗教稱號、與此處不甚相合。世人還可想到 sgam-po（完善、）惟在此處我們不應忘者、這箇名號來自西夏、可以含有他義。

註三四　關於攻取此類城市之役者、可參考亞洲報一九二〇年刊、上冊一六六頁、一六八至一六九頁。

註三五　錢大昕謂昔里鈐部一名益立山、（或蓋立山、）顧昔里是姓、鈐部是稱號、好像這就是他的眞正名稱」

三九二頁：Sibérie（西伯利亞）的名稱、此外在一三二〇年弗郎西士派（Franciscain）的一封信中見有 Sibur 的寫法。由此可見當時傳教已抵此地、這是前人所不知的事情。可參考 Bibl & A-c. Moule, Tria nova documenta de Missionibus Fr. Min. Tartariae Aquilonaris annorum 1314-1322, Arch. Francisc. historicum 1924, 60-62, 68。還有 Libro del conoscimiento（Van den Wyngaert, Sinica Franciscana, I, 1929, 572 中之 Albizibi、也祇能說是 Ibir-Sibir。

三九三頁：蒙古大會的名稱、著者如同 Vladimircov 及多數撰人、皆寫作 qurultay（qurultai）、這固然是回教史家所採用的寫法、但是元朝祕史的實在寫法、寫作 qurïltai（元朝祕史末則寫作 qurïlta 忽隣勒塔）

應删。

三九三頁註四：Hyacinthe 神甫的 Hobogo 寫法、是本於元史語解改訂的寫法、

三九六頁註五：我不信有 targhū 一字之存在、我以爲實應讀作 torghū 今日寫作

torgho、這就是元朝祕史第一三五則之 tarqan (torghan 脫兒罕) 的別寫。Koval-evskiï 的字典 (p. 1891) 曾在蒙古語中採錄有 torghan, torghon, torgha, torgho, 種種寫法。在我認識的這些著錄裏面、torghan 所指的、並不是一塊「織物通稱、」乃是一種「紵絲織物、」古畏吾兒語中之 torghu 卽訓此義、已見 Qutadghu-bilig 著錄。(Radlov, III, 1185; III, 1457, turghu 的讀音很有疑義。)

三九八頁: 著者根據回教著作、曾說兀荅剌 (Otral) 城殺成吉思汗使者的長官名稱 Ïnalčïq (拉施哀丁作 Ïnalčuq)、而有 Qāyïr-khan (拉施哀丁作 Ghayïr-khan = Qayïr) 或 Qădïr-khan 的爵號。應注意者、inalčïq 在察合台語中訓爲郡王、(大致如同 ïnal) 則可以說是一種人名、也可以說是一種爵號。此外在古來的斡亦剌 (Oïrat) 部有一人名 Ïnalčï、而與 ïnal 及 ïnalčïq 的稱呼相近、(Berezin, Trudy, V, 79; XIII, 222 中國載籍亦知有此 Ïnalčï、鈞案疑卽亦難赤之對音、名見親征錄。) 又一方面、拉施哀丁 (Berezin, Trudy, V, 111-114; VII, 144) 曾說有一同乃蠻部有血統關係的部落首領、名稱 Qadïr-buïruq-khan。案 qādïr 之義、訓爲「强壯同全能。」拉施哀丁又說蒙古人不識此名、將其讀作 qaǰïr。同蒙古人將其藥名古讀爲 qadïr 而今讀若 qaǰïr 的例子一樣。如此看來、無論在此處抑在兀菩剌長官名稱之中、皆無阿剌壁語 Qadr 的寫法、而爲突厥語 qadïr（强可畏）的寫法。此字已見嗢昆河諸碑著錄。（Radlov, II, 326; Müller, Uigurica, II, 58, 59）其在突厥方言之中、已有轉爲 qazir 者。（Radlov, II, 379）其轉化同突厥語之 qatïr（騾、）與並移植於十三世紀蒙古語中一種突厥方言的 qaǰïr 寫法相對之例正同。（亞洲報一九二七年刊下册二七一頁）寫法既然遊移不定、茲將元史卷一（一二一九年下）所著錄的兀菩剌長官名稱的寫法錄出、或者能補助我們的考訂。元史卷一的譯名作「哈只兒只蘭禿、」哈只兒的對音應作 Qaǰïr、恰恰代表拉施哀丁對於 Qadïr 所言蒙古語的階段。如此看來、我以爲 Qadïr-khan 的寫法、比較 Qayïr-khan 的寫法爲正確。至若「只蘭禿」、其原來對音通常應作 J̌ïlaltuq、好像是 Ïnalčïq（Yïnalcuq）之轉爲蒙古語者。蒙古語常以 ǰ- 對突厥語之 y-、並將 l 讀若 n、復益以蒙古接尾詞之 -tuq（比方 Tayïčï'ut Qïrïltuq 名稱之例）以

代突厥語接尾詞之 -čïq 或 -čuq、此種變化可不能不說他奇特。註三六

註三六　尤奇者、在此類字中突厥語之 ï- 發音、在蒙古語 inaltu 形容詞、同 inaq、以及從此字轉出諸字中亦並見之。不能說漢文記載有誤、因爲兀荅剌長官的名稱在耶律阿海傳（元史卷一五〇）亦作「只闌禿。」（可是未著錄哈只兒。）

三九九頁註二　元朝祕史（卷二五四則）之蒙古使者名稱、不作 Uqun、而作 Uquna（= uquna 兀忽納此言牡山羊、）著者因爲此名之俄語的變化、所以發生誤會。

四〇二頁：　著者將「可散八思哈」釋作 "Ko-san and Ba-sze-ha (Kāsān and Ak-hsikath?)"、考其所本的曷思麥里傳、（元史卷一二〇）案此傳云「曷思麥里、註三七谷則斡兒朵 (Ghuzz-ordo?) 人、初爲西遼闊兒罕 (körqan = gür-khan) 近侍、後爲谷則斡兒朵所屬「可散八思哈長官」。太祖（成吉思汗）西征、曷思麥里率可散等城酋長迎降。」此文中之難題、即在「八思哈」一名。著者根據 Bretschneider (Med. Res., I, 233) 之說、將其視爲一箇城名、固然有其可能、可是迄今尚未覓得

此城。案照漢文的記載方法、要是說有一箇「可散城」同一箇「八思哈城」兩名之下應有「等城」二字。原文既然無有、我想祇有一箇城名。而「八思哈」一名或者繫於「可散、」或者繫於長官。若是說他繫於「可散、」則頗難見「八思哈」一字之本意。若是說他繫於長官、我倒想出一種答解了：案照通常譯寫方法「八思哈」適對 basqaq、此字在突厥語中所指的官吏、與蒙古語中之 darughači（達魯花赤）正同。祇有一種我現在不能解決的難題、就是要證明蒙古侵略之前、西遼國中是否有此 basqaq 而已。

註三七　常有人將此名還原作 Ismaïl、可是同此名的其他諸漢譯不合、保不住必是一箇回教人名。

四〇三頁同註一：　著者的 Sārikūl 寫法、若是說寫的是近代地名、我可沒有話說；但是拉施哀丁（Trudy, XV, 40 同波斯文 63）寫作 Sarïq-qol、此言黃水、這也是聖武親征錄的對音。至若元朝祕史（第二三七則）並未作 Salikhun、而作 Sarïq-qun（撒里黑崑、）此言黃崖。可是新近發現的蒙文鈔本證明十四世紀的譯人此處所本之文有誤、而元朝祕史的原本也是寫作 Sariq-qol。

四〇三頁：　著者所引 Bāwurchiq 一名、謂見 J̌uwaini, I, 63、然並未見有著錄。可是在同卷三二頁中則作 Barčuq （巴而朮、）不知何故著者不用前人大致採用、而經漢文譯名保障的寫法。況且還有一三六二年的漢蒙碑文（尙未刊布）可以證實畏吾兒王名在此碑中曾用畏吾兒字完全寫作 Barčuq-art-tägin （巴而朮阿而忒的斤、）案突厥語之 Barčuq 名稱習用的解釋是 bars-čuq、猶言有虎的所在。此名並曾用作地名、就是 Maralbaši （瑪喇爾巴什）或其附近的一地之古稱。（鈞案即巴爾楚克、今巴楚縣名之所自出、）參考亞洲報一九一六年刊上册一一八頁、同 Aufsätze. . . Ernst Kuhn, 1916, p. 1555, von Le Coq 撰文、Kovalevskii 字典中有 barčuq 一字、訓爲小豹。

四〇九頁：　似以讀若 Suyunč 或 Sävinč 較優。

四一一頁（四一三頁四一四頁四一六頁）　此處所著錄之 Tughāy-khan 疑誤 Berezin 之 Tughāi、實爲 Taghāi、此處或者也是一樣。

四三六頁註一：關於此種遷徙東方的回教徒僑居地之一地者、可參考亞洲報一九二七年刊、下册二六一至二七九頁。

四五一頁：Bretschneider 所計算之陽曆常誤。一二二一年四月二十六日應改作二十八日、十一月二十九日應改作三十日。

我之所以作這些評註者、因爲巴爾托德君的鴻作裏面所包含的貴重材料很多、而可以便利些簇新考訂。我希望他在百忙之中、抽點餘暇、將這部供給不少材料並好像尙能供給更多材料的 Tumanskii 寫本刊行。註三八

註三八　著者在本書十三頁中未曾說到這部寫本的着落、僅說到 Rosen 男爵所鈔之本、據我所知原寫本輾轉流行到巴黎以後、曾經俄國科學研究院收藏、已有好幾年了。

附錄

闊闊迭卜帖兒及戶口青册

見通報一九三〇年刊一九五至一九八頁　伯希和撰

我在「蒙古侵略時代之土耳其斯坦」評註中、曾假定拉施哀丁之「青印」(kök tamgha)、同元朝祕史之「青册」(kökö-däbtär)有其關係。Palladius 在一八六六年時、尚不知有元朝祕史蒙文本、僅根據十四世紀之漢譯節本(永樂大典本)以爲此青册是證書册籍之類、並引證有戶口青册一例。(他未指明出處)我曾說明青册在此處僅爲「闊闊迭卜帖兒」之意譯、我雖然不知道有戶口青册、可是知有調查戶口的「戶口册。」

最近我在元史(卷二二)檢出一段記載、好像就是 Palladius 直接或間接之所本、其文云:至大元年九月癸亥、(一三〇八年九月二十二日)「萬戶也列門合散來自薛迷思干(Sämizkänt, Samarkand 註三九)等城、進呈太祖(成吉思汗)時所造戶口青册、賜銀鈔幣帛有差。」

註三九　撒麻耳干 (Samarkand) 之突厥語的 Sämizkänt 寫法、蒙古時代曾見著錄、然此名之起源更古。Albīrūnī 在十一世紀上半葉中已知有之。(Bretschneider, II, 60) 半世紀以後、又重見於 Kāšgharī 書中。(Brockelmann, Mitteltürk Wortschatz, 1928

P. 248) 嗣後在十二世紀時、中國人復知其名。關於蒙古時代者、可參考 Bretschneider, I, 215、同亞洲報一九二七年刊下册二六六頁二七二頁。又考 Sämizkänt (Sәmizkәnt) 一名、在 Babur (Beveridge 譯本七五頁) 記述之中尚見著錄、好像在其後未久便作廢了。

此文有些難解：元朝的大都同西土耳其斯坦的關係、因爲有諸蒙古宗王之亂、尤其是海都 (Qaidu) 之亂、幾乎中斷了五十年。至是亂事已平、關係重再恢復。一三〇五年時波斯汗完者都 (Öljäitü) 在致法蘭西王 Philippe le Bel 的國書中、尚在衒耀一三〇三年勘亂的成績。好像雖有時間同距離之遠、成吉思汗諸系宗王皆尚有權領取成吉思汗諸子在侵略西土耳其斯坦時所受分地之收入。案在也列門合散進呈戶口靑册數日以前、大汗海山（武宗）曾在一三〇八年九月十五日、命雪尼台鐵木察 Sünitai Tämüčä?（註四〇）使薛迷思干部。可是未等使臣的回報、一三〇八年十月九日中書省上言：「薛迷思干 (Samarkand) 塔剌思 (Talas) 塔失干 (Tachkend) 等城三年民賦以輸縣官；今因薛尼台鐵木察往彼、宜令以二年之賦與寬闊、給與元輸之人、以一年者上進、並從之。」也列門合散進呈太祖時所造戶口青冊之時、就在此一三〇八年九月十五日至十月九日之間。這種戶口青冊、必是元朝祕史所言之「闊闊迭卜帖兒」或「青冊」無疑。因爲此「闊闊迭卜帖兒」就是登記分配戶口於蒙古諸王的冊子、前已說過。其進呈與十七天後之分配民賦容有關係、可是不知何故此種青冊不在中央而在別處。若說是青冊存於窩闊台後人手中、此說又不能參證我前所主張 Aruq 在忽必烈汗時從大都帶回的「青印」是青冊繕本之說。因爲青冊既然不在大都、安有青冊可繕?我們在此處也不知道受蒙古皇帝的賜與者爲何人、必須有新史料之檢出、始使了解其義。尤其是關於也列門合散 註四一 的記載在所歡迎。註四二

註四〇　前一字是從 Sünit（鈞案元朝祕史作雪你惕）部落名稱構成的、第二字似含有 tämü（鐵）字之義。

註四一　此人無考、「也列門」三字不能直接還原、「合散」兩字從元史的讀法應作「哈散」、則其原名似是 Ḫasan 然則其人是一回教徒矣。（鈞案「也列門」得爲「失列門」之誤。）

註四二　評註之文有須增補改正者、Čan-baliq（彰八里）一名在十一世紀時已見 Kāšgharī (Brockelmann, Mitteltürk. Wortschatz, p. 242)著錄。

余撰評註時未見波斯原文、僅據譯文。而譯文對於 q 同 k 兩字不分、一二五八年時在波斯之蒙古將領名稱實寫作 Ilgä（=Ilügä?）則這種寫法對於 Ïlqa 或 Nïlqa 的名稱、既不能參證也不能反證。

元史卷一二八之「土土哈、」就是 Blochet（蒙古史本第二冊五〇〇頁）著錄之 Tuqtaq、其實應該寫作 Tutqaq。

蕁麻林

見亞洲報一九二七年刊下册二六一至二七九頁　伯希和撰

拉施哀丁（Rašīdu-'d-Dīn）曾記述忽必烈（Khubilai）時代從大都（今北平）赴開平府（或上都、在北京西北約二百四十公里、）之路有三。並說第二路經過一城名曰 J̌oǰu「在此城附近別有一城名曰 Sīmalī、此城居民多是撒麻耳干（Samarqand）人、曾仿撒麻耳干種植不少園林。」註一

註一　參考布洛曬（Blochet）蒙古史第二册四六三頁。

拉施哀丁之文、先在一八三一年、曾經漢邁爾（Von Hammer）根據維也納（Vienne）的一部寫本翻譯、而在巴黎地理學會會刊中刊布、（第九八號、一八三一年六月刊第二六五等頁。）旋由克剌卜洛特（Klaproth）根據巴黎諸寫本譯載於一八三三年亞洲報中。（單行本十六至十七頁）玉耳（Yule）曾在其契丹路程（Cathay）

中轉錄克剌卜洛特的譯文。（Cordier 本第三册一一六至一一七頁）最後布洛曬在其蒙古史中刊布了一本附帶箋註的波斯原文本。（第二册四六三頁）克剌卜洛特玉耳布洛曬皆說 Joju 卽是涿州。此說顯誤、因爲從大都到上都竟可說逕向北行、不能假道地在大都西南七十公里的涿州。玉耳之所以誤會者、蓋因音之相類、又因馬可波羅（Marco Polo）曾言涿州（Juju）是兩條大路分路之處。（Yule-cordier 本馬可波羅行紀第二册十至十二頁）可是馬可波羅曾明說在涿州分道之兩道、一道西行赴山西而通中亞；一道南行赴中國南部、則不能說涿州在大都至上都通道之間。

布萊慈奈岱（Bretschneider）曾在他所撰的「北京及其附近之考古的及歷史的尋究」（法文譯本九三至九六頁）之中、對此已有辯正。玉耳之契丹路程、是在一八六六年刊行、其馬可波羅行紀（第二版）是在一八七四年刊行、不能利用布萊慈奈岱在一八七六年出版之書、固無足異。可是後來 Cordier 在一九一四年同一九〇三年的補訂本中同布洛曬在一九一一年的箋註中、皆未引證此書、則未免可異。暫時固不言 J̌oǰu 確爲何地、我們先要知道、案照拉施哀丁的記載、上都建設以前、忽必烈避暑之所 (yailaq) 就在 J̌oǰu 屬境以內。則好像是說 J̌oǰu 在長城附近、而不在涿州所在的中國本部之中。尤其是從大都赴上都經過 J̌oǰu 的第二道、乃循 Sangin 河行、此河就是桑乾河、也就是現在的渾河。從張家口之西南流經北平之西、東南流至天津、如此看來、J̌oǰu 應在北平之西北。

況且我們對於 Sïmalï 城有一可考之點：拉施哀丁說此城在 J̌oǰu 附近、布洛曬曾假定此城的對音是「西八里、」可是從來未有此類城名。布萊慈奈岱在他以前早經說過、此 Sïmalï 祇能是現在的洗馬林、此地就在長城之內、張家口之西約三十餘公里。布萊慈奈岱又曾將此現代的名稱同元史（卷九四）所著錄的尋麻林名稱供比對。我現在不能說我將著錄此名之蒙古時代的史文完全裒輯、茲僅略引數條、以供闡明 Sïmalï 同尋麻林的問題之用、其文如下：

（一）元史卷十九成宗本紀云：「大德二年五月辛卯、（一二九八年六月十五日）罷尋麻林酒稅羨餘。」

(二)元史卷八五百官志云：「興和路蕁麻林人匠提舉司、提舉一員、同提舉一員、副提舉一員、照略案牘一員。」

(三)元史卷一二二哈散納傳云：「哈散納、註二 怯烈亦（Käraït, Kerait）氏、太祖（成吉思汗）時從征王罕（Ong-khan）註三 有功、命同飲班朱尼（Baljuna）河之水、且曰：『與我共飲此水者、世爲我用。』註四 後管領阿兒渾（Arğun）註五 軍、從太祖征西域、註六 下薛迷則干（Semizkant, Samarkand）註七 不花剌（Bukhara）等城。至太宗（窩闊台（Ögödäi, 1229-1241）時、仍命領阿兒渾軍、併回回（回教徒）人匠三千戶、駐于蕁麻林。尋授平陽太原兩路達魯花赤、（daruğači）兼管諸色 註八 人匠、後以疾卒。子捏古伯 註九 襲、從憲宗（蒙哥 Mongka）攻釣魚山 註一〇 有功、以疾卒。子撒的迷失 註一一 襲。撒的迷失卒、子木八剌 註一二 襲、充貴赤 註一三 千戶、遷西域親軍副都指揮使、大德元年（一二九七）卒。弟禿滿荅 註一四 襲。禿滿荅卒、子哈剌章（Qarajang）註一五 襲。」註一六

註二 原名未詳、並未見蒙古時代別有人有此名稱。理論上的還原、應是 Qasana 或 Qasanaq、遷

就也可說是 Hasana (Asǧna) 或 Hasanag (Asanaq)。其人既然是怯烈部人、也可令人想到一種基督教名稱、可是其後裔並無一人確用基督教名者。

註三　此怯烈人從成吉思汗征王罕、其事可異。因爲王罕卽是怯烈部長、但在事實上、好像已有若干怯烈部人參加成吉思汗諸戰役者。Jean du Plan Carpin 在一二四六年、所見窩闊台的丞相鎮海 (Čingai)、卽是一怯烈部人。

註四　關於成吉思汗攻擊王罕之此種有名的傳說者、可參考多桑 (d'Ohsson) 蒙古史第一册七一至七二頁、又 Palladius 之文、見北京俄國傳教會叢刊第四册二一〇至二一二頁。此種傳說有一故事性質、其事不見一二四〇年的元朝祕史著錄、世人且不知此 Balǰuna 名稱究何所指。此「巴泐渚納」在元朝祕史第一八二至一八三則所指者、乃是一湖、(na'ur, nōr) 並非十三世紀末年以後中國載籍所言之一河流。

註五　蒙古時代的中國載籍常言有此阿兒渾軍。阿兒渾 (Arǧun) 是一部落名稱、必與十一世紀末年 Kašǧarī 所已識之 Arǧu 部落、同現代的「黑姓乞兒吉思」(Kara-Kirghiz) 之 Arǧin 或 Arǧun 族、有關係。我想馬可波羅所言之 Argon 雜種人、或亦指此。馬可波羅說此 Arg·n 就是地中海東岸所指之雜種人曰 Guasmoul (或 Basmoul) 者。此名好像若干佛教雜種人、可是馬可波羅所指者僅爲回教雜種人、而恰在經過哈散納管領阿兒渾軍併回回人匠三千戶之蕁麻林地方說到此種人、我並以爲波斯的蒙古汗阿魯渾（Arγun）的名稱亦本於此。蒙古時代有不少人曾用一箇部落名稱作人名、（而且常非本人部落之名）。

註六　所指者乃是一二一九至一二二三年成吉思汗遠征之役。

註七　干原誤作于、昔日撒麻耳干所用 Semizkant 的名稱、（此言肥城、）曾見中世紀中國載籍阿美尼亞（Arménie）及西方撰述所著錄、Bābur 曾在其「記述」之中、說是突厥人同蒙古人習用之稱。

註八　諸色猶言種種名色、此語在蒙古時代以前早已有之、是爲蒙古時代色目一名之所本。色目者、蒙古人以外之種種名色之人也。

註九　伯字在蒙古時代應如今之白百等字、讀若 pai。然其譯寫的對音常爲 bai 或 bäi、則捏古伯之對音應是 Negübäi 或 Negbäi。此人應與察合台（Čaγatai）之孫同名、世人大致將其名寫作 Nikpäi。然「捏」字假定對 ne-、無呼音之「古」字大致對 gü- 或 γ-、準此例以推、則應讀若 Nĕgbäi、而不應讀若 Nikbäi。汪輝祖之三史同名錄（卷三一）謂元史中名稱「捏古伯」者有五人。

註一〇　釣魚山在四川境內蓋指一二五九年蒙哥汗圍攻合州之役蒙哥汗卽死於此地。

註一一　汪輝祖三史同名錄（卷二九）以爲元史同此名者七人其原名顯有突厥語分詞之 -miš。根據譯例第二級音應爲 -d-、然其爲 sat-（此言賣）轉出之名無疑蓋在若干突厥方言中亦有用 -d- 者。例如應作 satïgh 者乃作 sadïgh（此言商業）應作 satïghčï 者、乃作 sadïghčï（此言商人見明代華夷譯語之漢回譯語）則此「撒的迷失」必爲等若 Satïlmïš 之 Sadïlmïš 無疑此名應亦爲拉施哀丁時代在波斯之 Bargut Sa-tälmiš 的名稱正當寫法。（參考 Berezin, Trudy, OIRAO., V, 86,) Satïlmïš 猶言「已賣者。」

註一二　「木八剌」大致爲 Mubārak 之譯名、此言「被佑者。」此閃語 (sémitique) 名稱、基督教徒同回教徒並曾用之。

註一三　「貴赤」或「貴由赤」乃是 güükči 或 güyükči（字根是 güyü- 或 güi- 此言奔馳、）馬可波羅行紀中誤寫之 cunichi 應卽指此。

註一四　此名他處並見著錄、似對 Tumandar 卽 Tümändär 之別寫。

註一五　哈剌章乃雲南境內的部落名稱、此處則用作人名。汪輝祖（三史同名錄卷三五）謂元史中有名哈剌章者八人。

註一六　此傳是在一三六九年所修、似是本於十四世紀初年的私人家傳或墓誌、或者原文尚見元人文集、然我未曾檢出。錢大昕（一七二八至一八〇四）之元史氏族表、對於此人除轉錄元史外、無他發明。然無論如何、設其所本者是一私人傳誌、則有下述兩種結果：觀其中言及班朱尼河的故事、不能謂其爲信史、而且家傳所言之事績、常有增飾之文、應該加以鑑別。

(四)歐洲人所認識之郭守敬、（一二三一至一三一六）祇知其爲一曆數家、然其人亦爲一水利家。他在忽必烈時代、治理水道河渠頗著功績。元史（卷一六四）列傳有云：「至元二十八年、（一二九一）有言灤河自永平挽舟踰山而上、可至開平；（上都）有言瀘溝自麻峪可至尋麻林。朝廷遣守敬相視、灤河既不可行、瀘溝舟亦不通、守敬因陳水利十有一事。」

案灤河卽是發源於開平境內流經永平注入渤海之河流。至若瀘溝、卽是桑乾河或渾河之別名。今日北京西方之瀘溝橋尚存其舊稱、此橋卽是馬可波羅之桑乾橋。

尋麻林

(Pul-i Sangin)準是以觀、蕁麻林應在此河之上流、是亦今日此河支流二道河東十公里洗馬林所在之處。

(五)元典章、成於一三二一年者也。其卷七官制門、從五品內、有蕁麻林人匠提舉、又從七品內有蕁麻林納失失 註一七 局大使、又從八品內、有蕁麻林納失失副使。

註一七　此處原作納尖尖、顯誤，因爲別二條皆作納失失。此名常見蒙古時代載籍著錄、有亦作納失失者、有作納石失者、偶亦有作納失思者。中世紀之西方著作家、常言有織物名曰 nacchi 及 nachetti、（是爲 Pegolotti 之寫法。）前一名世人久已識爲一種金錦之稱、而適應波斯語之 naḫ。後一名必爲漢譯之納失失、質言之、一種金絲織物，惟頗難使此二名讀法相適應。De Groot（中國宗教制第三册一四二一頁）曾爲納失失必爲波斯語 nah 縮義詞 nahchek 之訛譯、（= naḫ 之縮義詞 naḫčah）然此說非是。案拉丁語寫此字作 nasicius、而與波斯語之 nasiz（= nasiǰ?）、同突厥語之 nasič（= našič）相適應。Ibn Baṭṭūtah（第二册四二三頁）以阿剌壁語（Arabe）寫作 nasiǰ、拉施哀丁（布洛晒本第二册七三頁）以波斯語亦寫作 nasiǰ, Vullers（第二册一三二四頁）曾著錄有波斯語之 nasič 寫法、以其本於阿剌壁語之 nasiǰ。則此字無論出於波斯語抑出於阿剌璧語應以 nasıǰ 寫法爲起點。案中世紀之諸抄本中、常將 c 同 t 兩字混寫、頗難辨馬可波羅行紀中之 nasici 或 nasiti 何者爲是。而 Pegolotti 之 nachet i 同 Gênes 港關稅表上之 naˤcitorum 第三綴音聲母、是否確爲 t、亦頗難言。尚有 nachiz 寫法、似可適應一種 -ǰʏ 收聲、與突厥語之 nasiz 寫法相合。至若突厥蒙古語、似曾有兩名並用之例。考元朝祕史第二七四則、除著錄 naq 等若波斯語之 naɧ）之複數 nuqut （納忽惕）外、並著錄有 načidut（納赤都惕，）此字確必適應波斯語之 nasīǰ。至若由 -sī 轉爲 -či 者、則應知蒙古時代之蒙古語讀法、i 前之 s 不讀作 s、而讀作 š、由是 nasīǰ 成爲 našiǰ。又一方面蒙古語（突厥語亦然）常有不少 s 或 š 與 č 互用之例、則 načidut 得爲 našidut （＜nasidut）的並用之稱。至若 načidut 之字尾、初視之、似爲 načit 之複數、由是可以其與西方寫法之 nachetti, nascitorum 等寫法相比對。（假定西方寫法不誤而言）顧突厥語之寫法、同漢譯蒙古語之納失失、皆不容有齒音收聲。茲可作別一解釋、案蒙古語曾著錄有兩重複數之寫法、元朝祕史第二七四則謂騍名 qačidut （合赤都惕、）此 -ut 必爲 qačit 之複數、而此 qačit 又爲 qačir 之第一複數。案在突厥語中、亦謂騍名 qatīr 或 qačïr、由是我以爲 načit 如同 načiš＜načič＜nasič 或 našič＜

波斯語 našiš 之複數。至若漢譯之納失失、對音應作 našiš 是即 nasiǰ 案照蒙古語聲母變化之寫法、而其所本者乃爲 nasiǰ。蓋在蒙古語中 i 前之 s 應變爲 š、而蒙古語又不容有 č 收聲、尤不容有 ǰ 收聲。則 -š 收聲在蒙古語中大致變爲 -s 所以漢譯讀音成爲納失失（našis）。

案上引諸文之地名、有「蕁麻林」同「尋麻林」的兩種寫法、我對於頭一字皆讀作尋、康熙字典固謂蕁字讀若譚、然又謂蕁亦作薚、而後一字亦讀作尋。考「蕁麻林」一名之意、猶言蕁麻之林、蕁麻者、乃 urtica thunbergiana 之漢名、別有蕁麻樹、乃爲榎樹（mococoulier）之稱。（案照 Taranzano 神甫之說、）布萊慈奈岱在「中國植物」中未錄此名、Smith（Materia medica, 452）祇知有蕁麻、而讀若譚麻。Taranzano 神甫在其「法漢科學字彙」（ortie & micocoulier 條下）同「科學字彙」第二册五八二頁及五九六頁中對於譚麻同尋麻的讀法、躊躇未決。Hemeling 之「英漢字典」（nettle 條）僅對於蕁麻著錄尋麻的讀法。根據吾人所引元代諸文、足證茲二地名皆應讀作尋麻林、而此種讀法在十三世紀時已成習用的讀法。至若榎樹的名稱、非常見之名稱、（我且不明此樹在中國之產地、）不宜參加考證之列、我以爲「蕁麻林」似應訓爲蕁麻之林。

至若「蕁麻林」同拉施哀丁的 Sïmālï 之讀音關係、不難解說。余謂蕁麻在蒙古時代已讀若尋麻、而不讀若譚麻者、僅謂其爲尋麻今讀之所本、並非謂元代讀法如同今讀。案蕁尋兩字讀法皆同、並不含有古之脣音。根據古代韻書的記載、其轉變之今讀、應止於 sin、是亦今日一部份官話之讀法。其在六〇〇年及唐代時、用此字譯寫之對音作 zǐm。（參考亞洲報一九一三年刊上册一五六至一五八頁、）及至蒙古時代、古之濁音業已變爲清音、然收聲之 -m 尚未轉爲 -n、而尋字之讀音大致與 sǐm 相近、所以將「撒麻耳干」之突厥名稱 Semizkant 譯作「尋思干」(Simskan〔t〕)又一方面林字在當時讀若 lim、則「尋麻林」應讀作 Sim-ma-lim。顧蒙古語不知有疊聲、而此名應從蒙古語傳到波斯、（波斯語在此類名稱中亦不著錄疊聲。）復次 -n 同 -m 在蒙古字尾、時常互用、（但元朝祕史中所謂 sängün 同 sängüm 之兩讀情形有別、）而齒鼻音收聲在蒙古語中時常省略、由是「蕁麻林」

在當時應讀若 Sim-ma-lim 者、而在蒙古語中竟成爲 simalim 或 simalin、此拉施哀丁書中 simāli 名稱轉變之由來也。

所餘者、從「蕁麻林」轉爲「洗馬林」的問題。案洗字有兩讀、一音銑、從此音讀、則其義爲洗馬（官號）之林。一音洒、則其義爲洗滌馬匹之林、俗稱之義應本於此。註一八然據「蕁麻林」之古名、似以讀若銑音之讀法爲是、而其由「蕁麻林」轉變爲「洗馬林」之時、（洗字收聲常爲 -n 而非 -m）不能在中國北方尋字古讀 sim 之 -m 收聲轉爲 -n 之前。此種變化在十四世紀末年前、雖在中國北方尚未普遍、然吾人以其轉變之時、應開始於一四〇〇年前後。總之、此地讀若「洗（音銑）馬林」而不讀若「洗（音洒）馬林」、爲時必早。蓋據明史註一九及宣宗實錄、註二〇「洗馬林」首見著錄之年爲一四三四年、次年築洗馬林堡、至一五七一年又建磚城、註二一

註一八　還有一說可以主張、假定這兩種漢名原爲阿爾泰語名稱之意譯、此事固不乏其例。然在此處迄今尚無參證此說之文、我以爲「蕁麻林」爲出產蕁麻之地一說較爲自然。

註一九　見明史卷一四八、可參考一七四三年本宣化府志卷四一、其文較詳。

註二〇　手邊無此實錄、茲據宣化府志卷十一所引實錄之文。

註二一　可參考宣化府志卷八、設若反是「洗馬林」之洗字當時即讀作洒而不讀作銑、則應承認此種讀法採用之時、應在蕁麻林之蕁字 m 收聲尚未脫落之時。蓋 Sim-ma-lim 之第一字 m 收聲、可與第二字之發聲相混、而讀若 Si-ma-lin 也。案此「洗馬林」之名、因其爲邊防要塞、曾見 Pozdnéev 之蒙古文學史讀本第三册所附之漢蒙字彙著錄。此本大約是一六〇〇年前後之本、其蒙文名稱作「烏闌寨子」、蒙文寨子作 čaija、烏闌得爲 uran 之對音、此言匠人、然亦得含有他義。

蕁麻林

「蕁麻林」即是拉施哀丁之 simāli、我以爲毫無疑義。然此波斯史家位置於同一地帶之 J̌oǰu、考訂較難。我曾隨布萊慈奈岱之後、說明涿州一名不能比對之理、然應尋究應以何名代之。此處所言北京赴上都之第二道、必爲循渾河上行之一道。此道在抵蕁麻林以前、即離開渾河、從張家口西方之野狐嶺 註二二 而出長城之外。復向距野狐嶺三十里之興和路進行、旋由興和路至察罕諾爾 (Čağān-nōr) 之東北、逕向上都。此種行程已見中世紀時之中國諸行紀著錄。案興和路名已見前此引文二之元史百官志尋麻林卽在興和路境內、蓋今宣化府西北地域雖在長城以內、史文數言其已割隸興和路也。至若興和路治所、卽是金代撫州治所地在長城之外、一二一一年曾爲蒙古所攻取、一二五四年復置撫州。一二六二年終或一二六三年初、改撫州爲隆興路。一三〇九年又改隆興路爲源州。一三一一年復爲隆興路、一三一二年改興和路。Palladius 曾考訂昔之撫州在今張家口西北約三十英里之哈剌巴爾哈孫、(Kara-balgasun) 此與口北三廳志（卷三）所誌故撫州在張家口北（應作西北北或西北）百里之說大致相符。中世紀中國地志同行紀之文、既然證明拉施哀丁之「第二道」從野狐嶺逾長城以後、而抵興和路、質言之、抵於昔之撫州。則應採布萊慈奈岱之假定、而考訂拉施哀丁之 J̌oǰu 卽此撫州。此波斯史家對於中國行政區域名稱之沿革、當然不甚明瞭。然一三〇九至一三一二年間區域名稱之變更、爲時較晚、不應不知有其事。中亞人保存中國古名之例、頗不少見。則在一二六二至一二六三年改設隆興路以後、尚留存撫州舊名、亦意中容有之事。拉施哀丁記述成吉思汗諸役、已曾言及 Fuǰu 或 Fu-ǰiu、惟 Berezin 之諸寫本皆有脫誤而已。(Trudy, 第十五册十六至十七頁又原文二一四至二一五頁)布洛曬刊本所誌北京上都之第二道、此地名凡兩見、亦有誤寫、似應讀若 Fuǔu。且根據拉施哀丁言及建設開平府(上都)以前之文、亦應作此解。據云、蒙古皇帝避暑之所、即在 J̌oǰu 境內。顧忽必烈汗避暑之所、在上都建設前後皆在長城之外、其非涿州可知。又一方面根據元史(卷四)之文、一二五二年時、忽必烈在桓州撫州之間、一二五四年秋天亦在其地。(重設撫州即在此年)一二五五年春復駐桓撫間。一二五六年「命僧子聰卜地於桓州東、灤水北、城開平府、經營宮室。」 註二三 則拉施哀丁在開平建設以前、謂忽必烈避暑於撫州、亦屬當然、此又一改正寫本之誤而作 Fuǔu 之新證。

註二二 宣化府志位置野狐嶺於萬全縣西北三十里。萬全舊治在長城內張家口之西北。布萊慈奈偕曾據十三世紀張德輝之嶺北紀行所著錄之扼狐嶺名稱、以其為外國語名之音譯、並曾以其為蒙古語 yäkä (此言大)之對音、(見考古尋究一二八頁、中世紀尋究第一册四五頁)此說錯誤。蓋野狐名稱在漢語中早已有之、(例如大藏經續藏本第一套第一册三五一頁所著錄者、)而且野狐嶺之名在元代以前早見著錄、如遼史(卷十八)一〇三·七年下同金史（卷四七）一一八〇年下所著錄者是已。此外吾人並知蒙古時代此嶺之蒙古語名、即拉施哀丁書之 Hünägän-daba'an 亦即蒙古語之 Ünägän-daba'an、皆狐嶺之意譯也。（關於波斯語譯名發音之 h-者、可參考亞洲報上册二三五頁）則張德輝之扼狐嶺、蓋就俗名加以文飾耳。（鈞案元史卷三八順帝本紀至元元年或一三三五年九月紀作「扼胡嶺」）

註二三　忽必烈在一二五六至一二五七年之間、駐於哈喇巴勒噶遜 (Kara-balgasun) 之地、此名猶言「黑城」、在蒙古語固有名稱中常見用之。此處之「黑城」、不能必其爲 Palladius 所考訂故撫州所治之「黑城」。布萊慈奈低（九五頁）謂撫州治所在元史本紀卷四之中或名撫州或名哈喇巴勒噶遜、似非眞相。我以爲此十三世紀之「黑城」、似非今之「黑城」、抑或今代「黑城」爲舊撫州州治之考訂有誤。

現在就上引諸文審之、前引之哈散納傳、謂此怯烈部人曾參加攻下撒麻耳干同不花剌之役、並移徙回回人匠三千戶於蕁麻林、此與拉施哀丁書謂 Simali 居民多是撒麻耳干人之語合。至若拉施哀丁書中之園林、則有元史本紀一二九八年罷蕁麻林酒稅羨餘之文可以參證。案漢語之「酒」、常指穀酒。惟吾人已知蒙古時代以釀葡萄酒著名之區、爲吐魯番山西等地。此處所指之酒、疑是蕁麻林回回所釀之葡萄酒。註二四 復次此納失失（našiš, nasīj）在蒙古時代常以小珠（subut-našiš）或大珠（tana-našiš）綴於其上。（鈞案元史卷七八輿服志、「不都納石失」下註云：「綴小珠於金錦」。「答都納石失」下註云「綴大珠於金錦。」）常見中國史文著錄、應爲蕁麻林人匠之特製品、質言之、從撒麻耳干徙此之回回人匠所製之品。此種考證又可闡明馬可波羅之文。（Yule-cordier, I, 285）馬可波羅昔從 Tenduc（天德）質言之、從歸化城赴宣化府之道中、曾言有回教僑民紡織名曰 nasich 及 naques(nasīj & naḫ）之金錦。案從歸化至宣化、其行程恰須經過蕁麻林也。

註二四 十三世紀末年葡萄酒稅、三十取一、可參考元典章卷二二。沙畹（Chavannes）在通報一九〇八年刊三六一至三六二頁、曾引證若干關於元代使用葡萄酒之記載、並應參考 Notes and Queries on China and Japan, III, 50—54。

就一般觀點言、拉施哀丁之文、參以哈散納列傳對於中國回教極不明瞭之沿革、似無關宏旨。世人常言中國回教徒蓋爲唐代遷居中國北方的僑民之後裔、然史文對此毫無著錄。除外人行紀之外、元代以前之回教、實不見於中國史書。惟至元代時、始見其強植於中國之各地。其廣州泉州(Zaitun)寧波杭州等地之有回回、可以海上貿易解釋。然在雲南、吾人或者有十三世紀大徙回民於其地之證據。中國北部似亦有相類之情形。十三世紀上半葉從俄屬土耳其斯坦徙回回人匠三千戶於蕁麻林一事、卽其一證。案居民大部份之遷徙、在阿美尼亞之 diaspora 中、曾執有一種偉大任務、則將來切實研究東亞回教史時、此事未可忽也。

蒙哥

見亞洲報一九一三年刊上册四五一至四六一頁　伯希和撰

一二五一年至一二五九年的大汗、就是成吉思汗的孫子、也就是他的第三箇嗣位的人。魯布盧克(Guillaume de Rubrouck)在一二五四年居留哈剌和林(Karakorum)之時、曾名此汗曰 Mangu。一二四六年柏朗迦賓(Jean de Plan Carpin)也有記錄、將此汗名寫作 Mengu。蒙古史家撒難薛禪(Sanang Setsen)在蒙古源流中寫作 Müngkä(或 Möngkä)、回教的著作家則有朮外尼(J̌uwaini)的 Mangu、同拉施哀丁(Rachid ed-Din)的 Mungka，註一 兩種寫法。中國載籍的舊譯名則作蒙哥。註二 布洛曬(Blochet)在他的「蒙古史緒言」(二七〇頁中、)見此兩種寫法之互用，以爲「在十三世紀末年時、韻母同聲母的調和雖然業經開始感覺有之、可是尚未存在。」這種結論與前提不合、而且對於我們現在所研究的問題毫無了解。我以爲如果就此 Mangu 或 Mungka 名稱的本意上考究去、其解說實在是很簡單。

註一　阿剌璧 (arabe) 語字母祇能使人知道韻母的性質、可未能詳其音調。如此看來、Mangu 也可以作 Mängü。至若 Mungka、也可以作 Möngkä 或 Müngkä。我對於此點後此別有說明。

註二　案照蒙古時代慣用的譯寫方法、「蒙」字代表的對音是 muṅ 或 moṅ、「哥」字代表的對音是 ka 或 kä、抑是 ga 或 gä。

多桑 (d'Ohsson) 在他的蒙古史（第二冊三三二頁）說到蒙哥（Mangou）豪施重賞時、附註有云：「蒙哥在蒙古語中猶言銀。同一名稱在突厥語中則訓作長生。蒙古人亦作同一之訓、可是從未用作人名。」其實在蒙古「文」中、蒙古語訓作銀的字是 münggü 或 münggün、（無論如何在第一綴音中用脣音韻母）而不是 mangou。如此看來、在這箇未來的大汗初生之時、或幼年時、就預先給他一箇後來表示豪施重賞的名稱、實不可解。至若古突厥語訓爲長生之字固是 mängü（斡兒寒 Orkhon 河碑文上作 bängü 同 mängü）可是十三世紀蒙古語相對的寫法、必是 mönka、在蒙古文中必是 müngkä 或 möngkä。註三 至若說這箇長生之名不能用作人名、可以元史作答元史卷三憲宗本紀說、成吉思汗這箇孫兒誕生之時、「知天象者言後必大貴、故以蒙哥爲名。」註云「蒙哥、華言長生也。」

註三 Mängü 是突厥語正例的寫法、完全已有證明、與古突厥語聲韻調合規律皆合。這種在蒙古文中所見的調合曾經十九世紀歐洲的蒙古語學家作有系統之適用。可是對於此說或者要加入若干變例、近代蒙古方言之研究、曾使我們芬蘭同俄國的同僚 Ramstedt, Rudnev 等諸人、對於史米德（Schmidt）同繼續他的學說的人所持之說之絕對價值、發生懷疑的態度。我以爲研究古籍文、好像也可止於同一態度、我們所有使我們能夠斷言蒙古語的寫法自一六〇〇年以來未曾變更的蒙古文件爲數很少。我們字典中所用的、皆是這箇現代或現代化的蒙古文。在十七世紀時、我們所研究的這箇字、在蒙古源流中所用的韻母是 ü 或 ö。史米德曾讀作 möngkä。又若 Kovalevskii 的字典、則寫作 müngkä。第若將 R. Bonaparte 所刊布的「蒙古時代文件」、檢查將一二八九年阿魯渾（Arghun）所致法國國王 Philippe le Bel 的蒙古語國書參考一下、就可見蒙古語業已知有濕音寫法。因爲其中若「繪畫」一字寫作 körük。「贈」一字寫作 ögčü。可是第一箇字即是訓爲「長生」的字、末用濕音、而寫作 mongka(mongkä) 或 mungka(mungkä)、大約是後來諸刊行人將此字作一種毫無理由的近代化了。我從甘肅攜歸一三六二年的漢蒙文合璧大碑、也知有濕音化的脣音韻母比方「兒子」一字寫作 köbägün、就是一例。可是此碑中的「長生」一字、亦無濕音、同一二八九年西方蒙古國的國書寫法一樣。復次我們對於確定十三四世紀的蒙古語讀音方面、還有一種最可寶貴的材料、可是迄今尚未見有人大爲利用、這就是八思巴（'phags-pa）字母寫的蒙古碑文。若是詳細研究這些碑文、將可見一二六九年所製的字母、同用婆羅門字（bra-hmī）譯寫的突厥語很相近。這類的突厥語寫法、曾經 Stönner 博士刊布了若干式樣，我在敦煌洞中也發現了一件標本。這種八思巴字母在蒙古語中將 o 與 ö 同 u 與 ü 皆予判別、而且還有一箇特別韻母、其音在 u 與 o 之間。在這箇訓爲長生的蒙古字中用以譯寫脣音韻母的、就是這箇字母。（可參考 Pauthier, Marco Polo, p. 772 所轉錄的一三一四年八思巴字母碑文、）而且第二綴音末用濕音、（八思巴字母對於一切綴音皆用濕音之 a、）可是僅僅含有本於印度綴音附着於末用何種音符變更的一切聲母之 a。如此看來、好像在一三〇〇年前後、至少在汗廷方言中、訓爲長生的蒙古字、應讀者 möṅka、可參考 Grünwedel 撰佛教神話五十六頁。

如此看來、第四箇大汗名稱之意義、顯然就是「長生」、而兩種寫法由是可解。當時的皇朝固是蒙古皇朝、可是他的左右的人大部份是突厥種。同一字在兩種語言中原始訓爲「長生」者、曾變成稍徵不同的兩種寫法、可是極其相近、可以使人想到此兩種寫法的原始共同點。註四 由是突厥人名此大汗曰 Mängü、蒙古人名此大汗曰 Möṅka (Möngkä)。柏朗迦賓同魯布盧克所譯寫的是突厥寫法、漢譯的蒙哥就是蒙古語寫法的對音、回教的撰述則兩種寫法並知有之。註五

註四 蒙古源流好像還有證明 mängü-möṅka 相等之一例。他說有生於碎葉城 (Toqmaq) 的兩弟兄、一人名喚 Aq-mö-ngkä、一人名喚 Yakhši-möngkä。(史米德本一六四頁) 碎葉城是突厥語言的區域、好像這箇蒙古語的故事散佈及於花剌子模 (Khwärizm) 全國。此二名稱之前半、(aq 猶言白 yakhši 猶言好、) 純是突厥語。好像蒙古源流或是他所本的蒙古化的本源、曾以爲在後半見有一箇蒙古語的相當對稱、所以有此寫法。此二名原來應皆寫作 Aq-mäṅ-gü 同 Yakhši-mängü。古突厥名稱用 mängü 的、並非無例可引、比方

von Le Coq 所撰的高昌突厥語摩尼考第一篇三十頁、著錄有一 Arslan-mängü。元史卷三十五著錄有一箇甘州人、同此人同名、漢譯作「阿兒思蘭兔古」、蒙古語也有相當的構成。就在蒙古源流之中也有「拔都蒙哥」(Batu-möngkä) 或「伯顏蒙哥」(Bayan-möngkä) 等名稱的結構。布洛曬在他的拉施哀丁蒙古史本文第二册五七六頁、同附錄二三頁中、曾說 Allah-dād 「就是突厥名 monkhé-birdi 的阿剌壁語（此誤、應改作波斯語、）譯名。」布洛曬兩次用畏吾兒 (Ouigour) 字寫此名稱、可未說明去處、好像寫得不對。因爲突厥語的寫法常作 mängü、（偶作 mängigü）、不作 mönka 或 möngkä。實在此名突厥語的正式寫法作 Mängü-birdi、知道的人不少。比方 Nasawī 所撰的同 Houdas 所譯的花剌子模算端札闌丁 (J̌alāl-ud-Dīn Mangubirti) 傳、卽有此名在內。蒙古源流好像將此王名分作兩半、而變作 J̌aiildun-sul-ta 同 Mängkülik-sulta 兩箇名稱。（史米德本八四至八七頁）

註五　參照一八二九年史米德本蒙古源流三九四頁、對於此點已有的說明。

中國史文似可供給與此 Mönka 或 Mängü 汗名兩種寫法並著的一箇相類的例子。敦煌有一三四九年碑、上泐西寧王速來蠻 (Sulaimān?) 同他的幾箇家屬養阿沙速丹沙（Sultān-šāh?）阿速歹（Asutai）的名稱。別有一碑年號在此碑兩年以後、表示此養阿沙業已襲為西寧王了。沙畹（Chavannes）曾將此種碑文譯出、註六 並曾考訂這箇西寧王速來蠻、就是元史卷一〇八諸王表中一三二九年受封的西寧王速來蠻。同一人在元史卷一〇七宗室世系表中則作西寧王搠魯蠻、說是成吉思汗一箇兄弟的後人。元史卷三十六本紀一三三二年下、曾說西寧王速來蠻鎮禦有勞。至若養阿沙、沙畹並考訂應是元史卷四三本紀一三五三年下之西寧王牙罕沙。

註六　參考沙畹譯「中亞之十碑」二八八至二九五頁。

我們對於這些考證、還可增加一點。元史是一三六九年所修的、可是其中的世系表、已在三年前見於一三六六年成書的輟耕錄卷一之內。其中有些共同錯誤點、證明此二書所本之源皆同。輟耕錄之西寧王名撒魯蠻、元史之搠魯蠻得為此名之筆誤。註七　因為兩書皆以此人之子是卯罕大王、我以為「卯」字似是「牙」字之訛、（或者由等如耶字的邪字轉訛而來的。）其原名應是牙罕、顧兩書之訛皆同、具見兩書所本之文已有此誤。而且除沙畹所檢出的元史關於牙罕沙之文以外、元史本紀別有兩段著錄此王之名。一在卷四二、一三五二年下作寧王牙安沙、一在卷四三、一三五三年下沙畹所檢出之文後數行、則作西寧王牙罕沙。

註七　案搠字古讀與朔字同、然而蒙古時代的譯寫證明在十三四世紀時、此字在中國北方已不讀作唇音了。比方元史卷一本紀一二一二年下之「搠搠闌」、（J̌oqǰarān 參考 Bretschneider 撰中世紀考證第一冊二八六頁）輟耕錄卷一中之「搠只哈撒兒」、（J̌oči-khasar 元史卷一〇七世系表脫撒字）元史卷九九的「搠思吉斡節兒八哈失」、（其對音應是西藏蒙古語名 Čhos-kyi-vaǰir-bakhši）皆可爲證。好像此搠字在同一時代不能代表「速來蠻」或「撒魯蠻」第一字之發聲、所以我以爲元史轉錄輟耕錄之文有誤。

然則一方面的「養阿沙」、又一方面的「牙罕沙」同「牙安沙」、應該比附何名呢?首先我們應該將沙字除開、因爲此字似是波斯語 šāh 的譯音、此言王也。我在前面曾將養阿沙一箇兄弟速丹沙的名稱、假定還原作 Sulṭān-šāh、此名在中亞人名之中業見有過。此外元史卷四十三本紀、一三五四年下有箇「魯王馬某沙」、此人的原名好像祇能讀作 Maḥmūd-šāh、看這箇速丹沙的原名、其人應是一箇回教徒、所以我將速丹沙父親速來蠻的原名考訂是 Sulaimān、將來或有人非難、以爲一三四九年同一三五一年的碑文所誌的、是施捨佛寺的事情、不能說這些人是回教徒。殊不知蒙古時代中國的回教徒曾採一種很自由的折衷主義。此事不無他例可引、比方重修安徽一佛寺的碑文上泐人名爲納速剌丁 (Naçr ud-dīn)、其人爲回教徒無疑。註八 此外輟耕錄同元史之卯罕大王的名稱、既然考訂其有訛寫、尤足使我們之考訂將「養阿沙」或「牙罕沙」之沙字屏除於考訂之外、祇去求「養阿」或「牙罕」的對稱、我這一說我敢自信不錯。

註八 關於此碑文者、可參考安徽金石略卷三。還有一箇一三六八年的碑文、證明著名的賽典赤 (Sayyid-Ajall) 曾在雲南興復一箇佛寺。(參考 Vissière 撰「漢回研究」十三頁)

剩下來的「養阿」或「牙罕」、可以假定其原名是 yanga、同我們熟知的畏吾兒人塔塔統阿一名中的譯法一樣。此名後半之「統阿」可以假定是突厥語之 tonga、此言「英雄。」顧考中亞諸史文、其中卽有此 yanga 一字、其意猶言「象。」又一方面「牙罕」同「牙安」在蒙古時代、就是蒙古語 yaghan 的對譯。而蒙古語中確有 yaghan (ǰaghan) 一字、亦訓爲「象。」註九 如此看來、此「養阿沙」同「牙罕沙、」應該還原作 Yanga-šāh 同 Yaghan-šāh。在此處如同在成吉思汗的孫兒名稱之中、例子一樣、皆是一箇原始意義相同的字、而在十三世紀時、在兩種語言之中發生一種不同的變化、而成爲突厥蒙古語中的對似字者也。註一〇 各人可以在其所處之地帶、同他所操的習近之語言、自由採用之。我以爲對於這件問題可以作一種有統系的研究、或者因此可能將十三四世紀突厥人同蒙古人的固有名稱之使人迷離不明的變則、至少可以得一部份之了解。註一一

註九　現在蒙古的讀法、其音很同 dzān 相近、蒙古文則作 dzaghan (ǰaghan)。案今日蒙古語中有同一字而有 γ 同 ǰ（等於法語之 dj、尤近於近代讀法之 dz）之兩種發聲者、這種發聲就是畏吾兒字之 γ 發聲、可是在突厥蒙古語中常與古之 γ 相合。蒙古時代漢語的譯法、以蒙古語訓爲「成吉思汗法令」之 ǰasa 或 ǰasakh（突厥語作 yasaq）爲「札撒」、譯蒙古語訓爲斷事官之 ǰarghuči（突厥語作 yarghuči）爲「札魯忽赤。」（上一譯名見元史卷二卷五、後一譯名見元史卷十八、）由是可以證明自此時始、有不少「畏吾兒字」用 γ 發聲之字、在蒙古語中皆讀作 ǰ。還有一箇更較顯明之例可以引證：案突厥語之 yam、此言道

路驛站、在蒙古語中則作 ǰam、俄國語曾借用此字之常訓、而用 y 發聲者。然漢語則取 ǰ 發聲、而譯蒙古語之 ǰamči（此言驛長）作站赤。這箇經漢語譯寫蒙古名稱所用之站字、現在倘在漢語車站之站字中存在。在安南語讀若 trạm、則有郵遞之意。沙畹所提出的 eltšin 的解釋、（見一九〇四年刊通報三八九頁三九七頁）當然是不對的。至若 Giles 字典（第二版二七〇條）所著錄之 janji 亦誤。又若布洛賽以為突厥語之 yam 乃是出於漢語驛馬驛務參合而成之說、（拉施哀丁蒙古史第二册三一一頁）更無足取。可是根據元史中譯 yaghan-ǰaghan 作「牙罕」之例、似乎可以證明由 y 轉為 ǰ 之變化、僅在十四世紀後始見普及。取後此所言之明代漢回字書亦寫作「牙罕」之例、可以參證此說也。復次元史卷十二於一二八二年下著錄有一「也罕的斤」、布洛賽（同上引文四九五頁）以其對音是 Yaghan-tégin、而釋其意為「紅王。」案 yagha 或 yaghan 固亦訓為硃砂、可是此意已久廢不用。在此處我以為也可以還原作 Yaghan-tägin、而釋其意為「象王。」可是此人是突厥匣剌魯（Qarluq）種人、（元史卷一三三）並無有用蒙古語解釋其名之必要。Radlov 之字典著錄阿勒台（Altaï）諸方言中之「象、」作 yān 同 yān tägän aṅ、後一名未詳所自來也。倘應參照蒙古語之 Jorči-khu 其意猶言「行」「旅行、」此字必與突厥語之 yoryt-mâq 有關係。其在一三一四年普顏都汗（Buyantu-khan 仁宗）聖旨碑（鈞案即陝西盩厔大重陽萬壽宮聖旨碑）中、尚用八思巴字母寫作 yorči-khu。

註一〇　明代四夷館所輯的漢回字書、曾將這些對用字間接保存。這些字固然是以突厥語對漢語、可是元亡未久、字書中常將其痕跡保存。所以 Klaproth 曾經根據柏林所保存的此類字書將「象」字還原作 yanga。其首先發現此字者、要爲 Müller（參考所撰回紇考第一冊五九頁）、Denison Ross 曾在倫敦大學 Morrison 藏書中發現這類字書之若干別本。承他見愛、將漢回字書轉抄給我參考、我在其中所見的「象」字對譯、並不是 yanga、乃是「牙罕」、而此「牙罕」祇能對蒙古語之 yaghan 也。這是「養阿沙」與「牙罕沙」兩種寫法並存之一箇很好的舉例。

註一一　還有對於成吉思汗長子名稱之一種相類的解釋、可是其說似很可疑、所以我不能不在附註中詳加解說。元史名此人曰朮赤、案蒙古時代之「朮」字、尚讀若 ǰu、這就是十三四世紀他的正例的對音。比方譯 ǰuhud（即猶太人）作「朮忽」、就是一例。如此看來、漢語的「朮赤」之通常對音應是 ǰuči。元朝祕史曾作「拙赤」、則對 ǰoči、拉施哀丁的寫法當然可以說是 ǰuči、也可說是 ǰoči。撒難薛禪寫法也是一樣。又一方面最古的著作、是宋人孟珙在一二二一年成吉思汗在世之時所撰的蒙韃備錄、他寫此名作「約直、」則對 Yoči 又考 Erdmann（Temudschin der Unerschütterliche, Leipzig, 1862, p. 641）所輯關於 J̌uči 或 J̌oči 的幾種回教撰述的解釋、好像其中明言的或隱喻的意義是「客、」由是有人承認成吉思汗長子名稱所本的、就是蒙古語之 J̌očin 、此亦言「客。」至若其收聲之 -n、在十三四世紀蒙古字中是很容易出現或消滅的、（比方按陳 elčin 之對按赤 elči、苔魯合臣 darughačin 之對達魯花赤 darughači、合申 khašin 之對漢名河西之類、）不足爲這種解釋的障礙。看孟珙的「約直」的寫法、連同前此所說的 yaghan-jaghan、尤足證明十三世紀時 y 之轉爲 J̌ 之變化、不及今日之普及，關於 Yoči-J̌oči 之解說如此。至若拉施哀丁書中之 J̌oči（J̌uči）、在他以前的撰述家朮外尼 (Juwaini) 所撰的「世界侵略者傳」(Tarikh-i jihan kušai) 中、則常寫作 Tuši（或 Toši）、（可檢 Gibb Memorial Fund 所刊行的朮外尼書之索引、）這種寫法好像可用西方撰述來互證。柏朗迦賓兩次著錄成吉思汗長子的名稱、而名之曰 Thossuc-can、這種寫法未曾經人說明。Bretschneider（中世紀考證第十五頁）僅說「顯是抄寫之誤、」我以爲根據朮外尼的寫法、似乎不能作此簡單的解釋。根據柏朗迦賓本人之說、

can 就是汗、（與可汗相混言、）好像 Thossuc 末尾之 c、（有若干抄本作 Thossut、疑非、）是從此名後面的 can 發生的。如此看來、Thossuc-can 同朮外尼書的 Tuši(Toši) 很相近。朮外尼所著錄之名稱、有時表現很有關係之特點。比方成吉思汗的少子拖雷、在拉施哀丁書同元史中皆作 Tului 者、而在朮外尼書中則作 Tuli (Toli)、與回教撰述「鏡」的解說很接近、因爲蒙古語即名鏡曰 toli 也。這種解說之價值、我不敢保其必是、我對於用 ǰočin 解釋 ǰuči 或 ǰoči 之說、亦不能保其爲眞。（還有他人用相同之名者、如成吉思汗的兄弟 ǰuči-khasar 或 ǰoči-khasar、同元史卷一二〇有傳之朮赤台 ǰučitai 或 ǰočitai）、可是祇要有兩種毫無關係的史料、在 ǰuči 以外著錄有 Tuši 的寫法、即須強使我們承認在此處也有一名兩寫之例。顧柏朗迦賓即於一二四六年在哈剌和林附近記錄這箇 Thossuc-can 名稱、質言之、在朮外尼寫作 Tuši(Toši) 而在後來幾年本人也曾旅行之同一地域之內、由是可以尋究此處是否爲突厥蒙古語之一種對稱? 朮外尼是否在拉施哀丁書之蒙古語名 ǰoči 以外、別用一種突厥語之 Tuši 寫法?（或者與 tuš 不無關係、此字猶言伴侶、）如同他保存柏朗迦賓魯布盧克在哈剌和林所聽見的突厥語名 Mängü、而拉施哀丁書則採用蒙古語名 Möṅka(Möňgkä) 的例子一樣?

四天子說

原文見一九二三年通報九七至一一五頁 La théorie des quatre Fils du Ciel.

伯希和撰

釋藏現有一部十二遊經、是一部說釋迦牟尼的神話世系同他說法十二年的節略。三九二年西域沙門迦留陀伽（Kalodaka）翻爲漢文。經末附有一種短篇地誌。其中有一段、曾經烈維 S. Lévi 君在一八九七年轉爲法文。註一

「閻浮提 Jambudvipa 中有十六大國、八萬四千城、有八國王、四天子。東有晉 註二 天子、人民熾盛。南有天竺國 Inde 天子、土地多名象。西有大秦國 註三 天子、土地饒金銀璧玉。西北有月支 Indoscythes 天子、土地多好馬。」

印度的十六大國、同分得釋迦牟尼佛舍利的八國王、皆是世人已知的事實。可是在漢文所譯印度本或印度化本的經文中、說到四天子問題的、迄今祇此一見、則能夠

將此異文的沿革說明、豈不甚善？不幸今茲以前的研尋、皆不免使人失望。

僧祐的出三藏記集大致在五一五年撰成。此書將三七四年道安所撰經錄主要部份保存、好像在此三七四年經錄中、未見著錄有何種十二遊經、註四 然而僧祐在他的經錄中說有譯本兩本、同是一卷、其文大同小異、並闕譯人名。註五 五九四年法經的衆經目錄、將十二遊經列在小乘經內、說是從大部鈔出別行、然而沒有說明從何大部鈔出、也未指出譯人名字。

可是五九七年費長房的歷代三寶紀著錄完全不同，他說十二遊經共有三譯。卷六說十二遊經一卷：「武帝世（二六五至二九〇）外國沙門彊梁婁至（Kalaruci）、晉言真喜、太始二年（二六六）於廣州譯、見始興及寶唱錄。」始興錄亦名南錄一卷、不知道是五世紀或六世紀時撰的經錄、或者是五世紀時的。費長房（卷十五）將他列入未見經錄之中、好像他是根據寶唱錄而知有始興錄。因爲他所見的南方經錄祇有寶唱錄一種、這樣看起來、始興錄在寶唱錄之前了。至若寶唱錄、是五一八年沙門寶唱所撰、全錄四卷、其目錄見歷代三寶紀卷十五。當中國分爲南北朝的時候、南方同北方的經錄不常交換、這件事也不足爲奇。彊梁婁至譯本的著錄、又從歷代三寶紀轉錄入六六四年的大唐內典錄、並見於同一年間的古今譯經圖紀。可是將譯年改作太康二年辛丑（二八一）大概是逕本寶唱錄、而非抄自三寶紀的。六九五年的大周刊定衆經目錄、引的也是寶唱錄。最後七三〇年的開元釋教錄、文同古今譯經圖紀一樣、然引的是始興錄同寶唱錄、並說彊梁婁至譯的十二遊經有目無本。開元錄也說未見始興錄、則非逕採寶唱錄、便是抄撮譯經圖紀同三寶紀之文。總而言之、我們不知道寶唱錄原文所誌的譯年是二六六年抑是二八一年。可是拿這箇辛丑年的干支看起來、好像是在二八一年、大約是歷代三寶紀錯把太康認作太始了。註六

歷代三寶紀卷七又說、十二遊經一卷、「第二出、與彊梁譯者小異。」「孝武帝世（三七三至三九六）外國沙門迦留陀伽 Kalodaka、晉言時水、太元十七年（三九二）譯、見竺道祖晉世雜錄、及寶唱錄。」案竺道祖衆經錄四卷、每卷一錄、魏錄一卷、吳錄一卷、晉世雜錄一卷、河西錄一卷。慧遠弟子釋道流創撰未就、同學竺道祖因而成之。

慧遠是三三四至四一六年間人。三八〇年後居於廬山、則晉世雜錄應在四〇〇年前後撰成。廬山在江西、則此錄亦是一種「南錄。」費長房亦未見此錄、大概又是轉抄寶唱錄的。其後大唐內典錄抄的是歷代三寶紀。大周刊定衆經總目亦同。可是古今譯經圖紀加了一箇干支、好像是直接抄錄寶唱錄的。最後開元錄轉錄圖紀同三寶記之文。總而言之、現存唯一無二的十二遊經、題爲迦留陀伽譯本的、首見晉世雜錄、譯人同譯年、大概皆出此錄。可是四〇〇年前後的經錄所載三九二年的譯經、這件事是很可以注意的。

歷代三寶紀卷十又著錄有十二遊經一卷、說是「第二出、與晉世迦留陀伽譯者小異見舊錄。」據說是求那跋陀羅(Gunabhadra)所出。此人生於三九四年、四三五年從中印度至廣州、不久卽至宋都。一直到四四三年、譯經不少、後歿於四六八年。費長房既引舊錄、必然未見此經。舊錄是五世紀時所撰經錄、從前業已說過、註七 裏面所說也有靠不住的話。此外還應注意的、此處費長房不說三出而說二出、並非傳寫之譌、因爲他僅說到從前迦留陀伽的譯本、忘記了彊梁婁至的譯本。大唐內典錄、古今譯經圖紀、大周刊定衆經目錄、開元釋教錄、皆採房錄之文。註八總而言之、沒有一箇撰經錄的人曾見這部譯本、皆採房錄所記；而房錄也是從可疑的舊錄中採下來的。如此看來、我們現在祇有視爲迦留陀伽在三九二年所譯的一部十二遊經、求那跋陀羅的譯本好像是從未流行。六世紀初年的僧祐確是看見兩部闕名的譯本、寶唱在五一八年或者也見着此二譯本、便根據古時經錄斷定一爲彊梁婁至譯本、一爲迦留陀伽譯本、也有其可能。此二譯本流行的時間必然甚久、因爲六九五年的大周刊定衆經總目、未說求那跋陀羅的譯本有多少葉、而說彊梁婁至同迦留陀伽的譯本各有五葉。復次我們要注意的、這三本、縱不然也有兩本、是南方教派的譯本。翻譯的沙門是從南海來的、而不是從西域來的。

若從經錄說到此經的內容、其中並無何種特點。其譯文顯是古譯、至今不能說他本于何種印度特別方言、也不能說他繫於何種確定教派。此經的末尾一段、見於五一六年的經律異相之中、註九可是不見於今本十二遊經之內。烈維發現此段、並將他譯了出來、以爲這是十二遊經在五一六年後所佚的末一葉、註一〇此事有其可能。

可是我以爲也可說是寶唱錄著錄作彊梁婁至譯本的末段。寶唱恰是撰輯經律異相的一人、尤可證明我這一說。取此經文與這末段的文字對照、前後並無聯絡、這也無怪五九四年的衆經目錄說他是從大部抄出的了。復次十二遊經有說印度洋五箇島國的一段、這段異文祇同一部佚經名太子五夢經的有關係。註一一 可是祇看這一段的性質、就可推想到不惟譯文是南方譯文、他的原本也是南方本了。具見十二遊經不出於帶有印度西北色彩甚濃的地方、如日藏經（Suryagarbha）同月藏經（Candragarbha）之類、乃是來自沙門常同航海家參雜的沿海地方。

佛經中沒有別的經文著錄此四天子說、烈維乃將玄奘西域記敘註一二中所言相類之說拿來對照。玄奘說過四洲以後、說到贍部洲（Jambudvipa）同阿那婆答多池 Anavatapta 流出的四水、復云：

「時無輪王（Cakravartin）應運、贍部洲地有四主焉：南象主則暑濕宜象、西寶主乃臨海盈寶、北馬主寒勁宜馬、東人主和暢多人。故象主之國、躁烈篤學、特閑異術、服則橫中右袒、首則中髻四垂、族類邑居、室宇重閣。寶主之鄉、無禮義重財賄、短製左衽、斷髮長髭、有城郭之居、務殖貨之利。馬主之俗、天資獷暴、情忍殺戮、毳帳穹廬、鳥居逐牧。人主之地、風俗機惠、仁義照明、冠帶右衽、車服有序、安土重遷、務資有類。三主之俗、東方爲上、其居室則東闢其戶、旦日則東問以拜。人主之地、南面爲尊、方俗殊風、斯其大概。」

此後說諸主地方禮儀風俗。這一段文字有時含糊不明、對於四天子說並未有所說明、不過是將此說作一種當時的同實際的適用而已。

玄奘西域記連同敍言、成於六四六年、前此已經說過。到了六五〇年、道宣撰釋迦方志二卷。這部書大部份是西域記的節略。道宣在記述路程以前、註一三 也說到四主、其說與玄奘相近、可是更較簡單。其後力持梵胡不同之說。註一四 道宣的特點、則在將玄奘泛而不明的四主、指明爲當時的何國。他說象主國是印度、寶主國是胡國、馬主國是突厥國、人主國是振旦。他又說四國的土地自雪山(Himalaya)分四方達於四海。註一五 道宣所採之文、或者有聖迹記的文字、這部書兩卷六世紀末年靈裕撰。又或者是僅僅根據玄奘的撰述推想出來的、皆未可知。

總而言之、唯一著錄四天子或四主的中國釋藏經文、迄今祇見有三九二年譯的十二遊經、同六四六年撰的西域記。這部十二遊經既然說是從一部印度原本翻譯的好像是印度也應該有一種相類的傳說。

自從一八三六年列米薩(Rémusat)在他的佛國記譯本遺註裏面、根據大明三藏法數引證四天子說以後、布爾努夫(Burnouf)又在註後加入下文說「我以為此處所說的四天子、就是底里(Dehli)王朝分解後、分割印度帝國的四箇首領。相傳他們名稱人主 Narapati、象主 Gadjapati、傘主 Tchatrapati、馬主 Asvapati。」到了一八四九年拉森(Lassen)在他的「印度古事(Indische Alterthumskunde)」第二冊裏面引伸布爾努夫之說、也取證於近代印度傳說。根據這些傳說、般荼婆(Pāṇḍava)王朝亡後、有四箇以職務為名的貴族、便把印度分割。而以職務傳之後人、就以職名為王名。拉森以為這種分割、乃是根據四方說來的。復次拉森又引證到 A'in-i Akbari 中一章所說的紙牌上面的王名。

印度近代傳說中有三箇名字、同玄奘敘文的名字一樣：日玉連(S. Julien)在西域記譯文附註裏面、以爲寶主的梵名就是 Tchatrapati、此言傘主。他教人參考的、就是拉森的著作。艾梯耳（Eitel）在他的「中國佛教袖珍」贍部洲（Djambudvipa）條下、老老實實的採用了這種考訂。比耳（Beal）又說這箇傘主 Chattrapati 梵名、便是 satrape 的語源。哇特司（Watters）曾說日玉連的傘主 Parasol-Lord 必有所本、而不考究所本何書。比耳更安心的、他以爲在莫涅威廉（Monier-Williams）梵英字典（一八七二）裏面、看見四主中有兩主（象主人主）是贍部洲的神話古王。可是比耳想不到的、莫涅威廉之所以著錄任何梵本未見的贍部洲神話國王者、乃因白特林克（Böntlingk）同洛特（Roth）的大字典中有這兩主、而大字典又是根據日王連同拉森之說來的。不過莫涅威廉將這段引證删了。這樣看起來、豈不是拿玄奘的話證明玄奘的話麽？最近的印度學家、如烈維、呂岱司（Lüders）肯賴狄（Kennedy）等、皆沒有算到般荼婆朝的繼承人。

難道說布爾努夫同拉森所持之說、皆完全不對麽？我以爲不大可信、很希望有一印度學的名宿重新注意到此項問題。暫時我祇說拉森一說之所本、有一件傳說的

「國王世系表」在一八〇七年交給 Buchaman 翻譯的。諸王中有 Yudhiṣṭhira 王、次有三王、次有 Vikramāditya, Śālivāhana, Bhoja 諸王、次又有三王、後云「在此人主 Naraputti 象主 Gajaputti 馬主 Ashaputti 之後、三朝遂立。」此處有我們研究的四主中的三主、可是祇有三主、至若又加上一位傘主 Chattrapati 的、乃是司梯林 (Stirling) 在烏荼 (Orissa) 聽見、而在一八二五年發表的。拉森是根據司梯林的憑據、裁說到般荼婆 (Pāṇḍava) 朝亡後印度四主分立、並拿此說改正列米薩所引大明三藏法數之文。拉森還以爲有的是認司梯林一說的旁證、因爲在碑中同抄本中有一烏荼王名象主 Gajapati、又有一南印度的注輦 (Coḍa) 王名人主 Narapati。可是說烏荼王名象主而抵抗回教徒的那件抄本、是一種晚見的抄本。至若注輦碑文祇著錄有 Narendra、他的意思固與人主 Narapati 相同、可是任何國王皆可有這箇人主的自然名號。復次 A'in-i-Akbari (Blochmann) 譯本（第一篇三〇六頁）所說的紙牌、實在有十二王名、前三箇固然是馬主 Asvaṛati 象主 Gajapati 人主 Narapati。可是第四王是一箇意義不明的 Gaḍhpati、第五王纔是寶主 Dhanpati (Dhanyap ti)，中間沒有傘主Chattrapati。可是我們要知道的、馬主象主人主（猶言步主）也、可以說是習稱印度四種軍隊統領的三箇名稱。第四種軍隊就是車隊、考翻譯名義大集(Mahavyutpatti)第一八六則、註一六 所載諸職名中有「馬主」Asvapati「象主」Pilupati「寶主」Ganjapati、接着有意義不明的 Khambhirapati、註一七 其後就是「人主」Narapati。

如此看來、布爾努夫同拉森所引的印度傳說、祇有一種近代的證明、而且皆不一致。可是皆有馬主或象主的名號、翻譯名義大集雖將「人主」列在官吏之內、好像不是指的步兵統領、而是國王。或者紀元初數世紀時南海中有一種關係幾箇國王的傳說、其中一箇是馬主、一箇是象主、第三箇是寶主、甚至有一第四箇人主。既有四主、自然將他分配於四方、後來因爲這幾箇名稱意義太明、於是乎便把職名同王名混而爲一了。乃考佛典外的古籍、實有關係此種國王的傳說之存在。

一八四九年時、萊諾(Reinaud)曾將關於四主的中國同大食 Arabes 記載比較對照。註一八 其後、初將玄奘敍中四主中的兩主、同九世紀大食人的遊記對照之人、要算比耳是第一人。這種比對、實有其必要、其重要或者爲比耳意慮之所不及。

這些行紀、勒諾多(Renaudot)曾在一七一八年翻譯一次。萊諾(Reinaud)又在一八四五年翻譯一次。最近費瑯(Ferrand)在東方古籍叢刊(Les classiques de l'Orient)(第七册一九二二年刊)裏面、又有一種新譯本、題曰:「八五一年大食商人蘇黎滿(Sulayman)印度及中國行紀、」附阿布賽德(Abu Zayd al-Hasan)註釋。八五一年的行紀、費瑯同從前的譯人皆以爲是蘇黎滿所撰、這一說有點可疑。我從前已經說過、註一九 其中(四十七頁)有一段說:

「印度同中國人都說世界有四大國王、四箇中的第一箇、便是大食國王。印度人同中國人對於此點意見一致、都說大食王是諸王中之最大最富的國王、是大教(回教)的國王、沒有那國國王在他之上。中國國王自居第二、以下便是東羅馬(Rum Byzance)國王同穿耳的 Ballahra 國王。」

十二遊經的四天子、此處見有中國大秦印度三箇。至若代表北方遊牧同伊蘭 Iran 的月支天子、已將位置讓給大食國王了。大食人當然把他看作第一位。

行紀的第二部份、是一名稱阿布賽德的註釋、可以說是九一五年頃的筆錄。其中最感興趣的一段、要算伊賓哇哈（Ibn Wahab）所說他在八七二至八七五年中間朝唐帝於長安一事。伊賓哇哈至筆錄之時業已老了、他所說的三四十年前的話、或者已離真相很遠。可是所說的朝見同談話的性質、是可無疑的。這裏面說到世界諸王的、是中國國王、質言之、唐朝皇帝（八十七頁。）

「王續言：『汝輩如何分別大地諸國之王?』大食人言：『余不解此。』王告譯人曰：『汝向伊賓哇哈謂吾輩華人計有五王：其君臨最富之國者、爲伊拉克（Irak）國王、緣伊拉克處世界之中、其他諸國在其四圍，中國名此王曰「諸王之王。」次於此王者爲中國國王、吾人名之曰人王、蓋世界諸國能維持秩序和平而受臣民之愛戴者無逾此王、所以名中國國王曰人王。又次爲猛獸之王、是爲隣國之突厥Toguz-Oguz王。再次爲象王、質言之印度王、中國亦名之曰賢王、緣賢德出於印度。最後曰東羅馬（Rum Byzance）王、吾人亦名之曰美人國王、緣世界人民身體端正面貌美皙無逾此國之人。是爲大地之諸要王、其他諸王、莫與侔也。』」

中國皇帝的說法、決未如此、這是很明瞭的。他從來未承認報達 Bagdad 教主有這樣的優勢、可是不問世人作何解說、九世紀航行印度洋的大食人、早已知道有這一類與十二遊經同西域記敍相類的傳說、是無疑的了。中國皇帝仍爲人王、印度王仍爲象王、可是要爲報達教主求一位置、如是乎將從前大秦寶主的資格剝削、移到報達教主名下。此外既然現在用五分法、回教徒當然將他們的教主位置於中央、而視之爲「諸王之王」、並將其他諸王大體分在四方。所餘的、爲何將馬主變爲猛獸王、同剝了寶貨的大秦天子變作美人王的理由、但在此處雖有一種表面的差異、我們行將說明他實有一種意外的相同。我們先要知道的、伊賓哇哈的話、幾乎一字不移轉錄於九四三年馬蘇狄 (Mas'ūdī) 所撰的「金草原」裏面。註二〇 其後馬蘇狄自己對於同一問題、亦有發揮。(一册三五六至三五八頁)其內容大致同伊賓哇哈的話相類、也用不着全錄其文、現祇摘錄幾段要語。他說東羅馬 (Rûm) 王確名人王、因其統治的皆是最美之人。突厥王名「猛獸王及馬王者、因大地諸王無一王所統之自願流血的戰士有其勇、所有之馬有其衆。」如此看來、大食人也稱突厥王作馬王同西域記敍所隱喩的釋迦方志所明說的一樣、而將倘見十二遊經著錄的月支替換了。

現在騰下的、祇有大食人適用於東羅馬帝的美人王王號。此處我不知道因甚麼原因、使這一種異聞傳到回教世界、我不能不想到中國載籍對於大秦一名之說明。我在此處並不想再提中國名稱的問題、也不在尋究大秦名稱之實在的起源。有一種事實是確定的、就是中國人看見秦國是中國的一箇國名、當然把大秦作「大的秦國」解釋。這種解釋在三世紀第二箇二十五年中、業經有了。魏略西戎傳說：「其俗人長大平正、似中國人、而胡服、自云本中國一別也。」稍晚、後漢書西域傳說：「其人民皆長大平正、有類中國、故謂之大秦。」註二一　此種記載、諸書輾轉抄錄、一直到十三世紀時。這箇大秦的舊名稱、在六世紀末年雖然改作「拂菻」、我以爲「拂菻」便是 Rōm 或 Rūm 的對音、然而不能不承認用「長大平正似中國人」解釋的大秦名稱、尚在流傳，致使九世紀時的大食旅行家尚能聽見此種傳說。

復次此關於諸天子的傳說、在大食旅行家以前、在玄奘以前、並且在十二遊經翻譯以前、我們在一種中國使臣所撰南海古記傳裏面見過。紀元初數世紀中、瀾滄江(Mékong)口同暹羅灣沿岸有一箇印度化的國家、曾取得一種第一等海上同商業的地位、這就是中國載籍的扶南國。此國可以說是柬埔寨 Cambodge 的始祖。當二四五至二五〇年間、中國遣使臣康泰朱應二人往使扶南。使臣對於所經及傳聞諸國、撰有記傳。所記的不僅是越南半島諸國、並將印度洋航海家同商人所知諸國記了下來、且將月支同東羅馬包括在內。不幸康泰朱應所立的記傳未曾流傳至於今日。可是有不少殘文、散見在後幾百年的史地撰述裏面。註二二 我就在這種殘文裏面檢出了下面一條：「康泰外國傳、外國稱天下有三衆、中國爲「人衆」、大秦爲「寶衆」、月氏爲「馬衆」」註二三

看這段文字、祇有三象、並不是按照四方分配四主的傳說、可也不是發源於中國的一種傳說、乃是康泰得自南海的、所以說「外國稱」云云。印度原來是否也在其內、或是康泰對於這種傳說了解未善、或是印度祇對於三箇隣國想出此説、而將本國位置於三衆之外、皆難知之。可是有一點是確定的、就是中國從十二遊經同西域記

敘知道的。九世紀大食旅行家所聽見的、或者也是近代印度大爲變更的傳說。三世紀中康泰使扶南時、在南海中早已流行了。

我們在此處所見的、不僅印度洋中東西亞的出產日見發達之交換、而且有思想故事信仰之交換。同時撰述的魏略、也證明當時中國對於西方諸國的認識之擴張。康泰使扶南時、又在南海得到月支同東羅馬的消息。他在扶南並會見了以月支馬四匹報扶南王的印度使臣。註二四 康泰姓康、或者他是康居（Sogdiane）人。我們知道三世紀中的大譯家康僧會是一箇移居交趾（Tonkin）的康居人、二五五或二五六年譯經的月支人彊梁接、也是在交趾翻譯。好像這些康居人月支人不是從新彊同中國本部到交州、而是從印度同印度洋來的。有來當然有往、烈維（S. Lévi）在他的佳作「供羅摩延書歷史之研究」Pour l'histoire du Rāmāyana 裏面、註二五 曾說明印度人從前對於印度洋、尤對於恆河以東半島同南海羣島早有一種明白認識，這是以前的人所想不到的。不幸後來印度人不顧遠道旅行、久而久之、遂將從前流行的概念忘了。波斯人繼印度人之後、或者與之同時、成爲亞洲海洋之大航海家。可是他們的過去經驗、幾乎全被大食的侵略所埋沒了。所以祇有八世紀尤其是九世紀的大食人撰述、有時可以同中國載籍相提並論。就是在大食人的記述裏面、也有些波斯語的痕跡。比方晏陀蠻 Andaman 羣島裏面有箇山峯名叫 Khošnāmī、是箇波斯語名、又如大食語突厥語俄羅斯語裏面有箇 faghfūr、也是波斯語稱呼中國皇帝的「天子」之稱。可見在大食人努力之先、已有伊蘭人之努力。註二六 語學的進步、逐漸表現傳說故事信仰、多有一種共同背景。並證明此種古代交換種類之多、同範圍之廣。而考古學一方面、又將連環中的環子、一箇一箇連結起來。我們可以說四天子說祇是一種長期歷史中的一種新奇插話。

附錄　此文付印的時候、我又檢出一文、應該附在此文之後。六四五至六六七年間、(或者在六六四至六六七年間、)道宣所撰的續高僧傳、玄奘本傳幾占卷四全卷。玄奘在裏面說印度知有支那、爲日久矣。「但無信使、未可依憑。彼土常傳贍部一洲四王所治、東謂脂那(Cīna)、主人王也。西謂波斯、主寶王也。南謂印度、主象王也。北謂獫狁、主馬王也。皆謂四國藉斯以治、卽因爲言。」我們要知道的、道宣是加入玄奘譯場的一人、道宣或者本諸耳聞、而不是從西域記敍發揮的。

註一　一八九七年刊亞洲報第一册二四頁月支考、十二遊經的四天子說、並見五一六年的經律異相卷三、同六六八至六七一年的法苑珠林卷四十四。至若法苑珠林纂輯的年代可參考一九一二年通報三五四頁。

註二　從二六五到四二〇年。

註三　指地中海東部一帶。

註四　如果三世紀下半葉確有一種十二遊經譯本、或因其譯於廣州、所以道安不知有此經，因爲道安對於南方佛教很不明瞭。（可參考一九一八及一九一九年合刊通報二五八至二五九頁）、

註五　有一本僧祐說舊錄作「十二由經」這箇由字必是遊字之誤。這本舊錄應是五世紀時編次的。（可參考遠東法國學校校刊卷十、一一四頁、馬司帛洛（H. Maspero）撰文、）

註六　這箇二八一年、將使主張彊梁婁至同二五五至二五六年譯經的彊梁接或彊梁樓爲一人的考訂、有點困難。可是彼此皆在南方譯經、不過一在交州、一在廣州而已。相距也不過三十年、實在也不能妨其爲一人。

註七　參考遠東法國學校校刊第十卷一一四頁、馬司帛洛說舊錄著錄最晚的譯本是四一〇年譯

本。今考求那跋陀羅既在四三五年到廣州、則舊錄纂輯的年代、還要晚二十五年。

註八　高麗藏開元釋教錄尙用房錄二出之文、可是中國大藏宋藏已將其文改作三出。

註九　東京大藏本雨字套二册七三頁、

註一〇　一九一八年刊亞洲報第一册一五九頁、十二遊經的今文、並見於敦煌寫本一未詳何經註的背面、（國民圖書館藏伯希和寫本類二二一二號）

註一一　一八九七年刊亞洲報第一册二四頁、又一九一八年刊第一册八三頁。

註一二　道篇敍題作張說製、是錯的。因爲西域記成於六四六年、而張說生於六六七年、還在成書二十多年以後。

註一三　道宣所誌的路程、並不是全採西域記。其中所言從中國經西藏赴印度的一道、頗有有關係之文。

註一四　紀元前之胡、習指蒙古東部南部遊牧的部落。在紀元初數世紀時、則包括土耳其斯坦同印度諸國言之。梵也有時稱胡。到了六世紀末年、尤其是在七世紀時、佛教的撰述家才把胡梵分開、專指中亞的伊蘭人同吐火羅人曰胡。

註一五　佩文韻府「象主」條、轉錄四主之說、而謂其出於西域記、其實本於釋迦方志。辭源之誤亦同。大明三藏法數對於四主說也有一種大致同西域記敘相類之文、覩是出於法苑珠林。案玄奘西域記大致節錄於法苑珠林卷二十九中、然而未言四主。四主之說初見於一八三六年的佛國記譯本所引的就是大明三藏法數。

註一六　我引的是佛學叢刊 Bibliotheca Bnddica 中 Mironov 氏刊本。至若並有西藏漢和對稱的西京大學刊本、則應參照第一八七則。

註一七　白特林克的字典補編、根據翻譯名義大集著錄有這箇名稱、然無解釋。西藏譯本、（可算現存最古本）似解作施主。

註一八　見考古研究院紀錄第十八册、萊諾撰印度史地科學誌二〇三至二〇五頁。

註一九　一九二二年通報四〇〇至四〇二頁。

註二〇　Barbier de Meynard et Paret de Courteille 譯本第一册三一四至三一五頁。

註二一　後漢書所言的時代固在魏略之前、可是編次的時代在魏略之後、所以後漢書時常抄襲魏略的文字。

註二二　關於康泰朱應之奉使、可參考遠東法國學校校刊第三同第四卷中余撰扶南考一文。（鈞案此文業已轉爲漢文編入史地叢考二編裏面、）我在此文中僅僅引證了幾條關於扶南的文字、嗣後我又檢出關於扶南同其他南海國家的殘文不少。我想將來在一種特別研究中把他完全裒輯。這些殘文幾盡出於康泰的記傳。這本記傳有時名曰扶南傳、或扶南土俗傳、有時名曰康泰外國傳、或康氏外國傳、有時名曰吳時外國傳、有時竟省稱之曰外國傳。

註二二三　其文見史記卷一二三正義引、又同卷索隱引文同、不過改「爲」作「云」。

註二二四　還有別一記述南海的書、說到月支、這本書就是南州異物志、是三世紀時人萬震所撰。史記卷一二三引有一條、說月支王號「天子」。

註二二五　鈞案漢文有譯本、改題「正法念處經閻浮提地誌勘校錄。」

註二二六　參考費瑯撰波斯大食突厥地誌及行紀、第一冊一至三頁。

卜彌格傳補正(Michel Boym)

原文見通報一九三四年刊九五至一五一頁

沙不烈(Robert Chabrié)君近撰的一部卜彌格(Michel Boym)傳、註一內容頗錯雜不明、而且記述重複、並涉及枝節問題。可是他對於此書用力很勤、勢須在 Paris Carpentras, Bruxelles, Rome, Ajuda, 等城的檔案庫同圖書館鳩集材料甚久、因之有不少簇新的材料之發現。我在本文中僅爲一部份之紀錄同討論、尤其注意的、就是卜彌格神甫在明末永歷時宮中諸后妃受洗（一六四八）後之任務、同他在一六五〇至一六五九年間代表永歷太后同教名亞基樓（Achillée）的太監龐天壽奉使西行往謁教皇之事跡。

註一 書題「波蘭耶穌會士卜彌格、及中國明朝之亡（一六四六至一六六二）對於極東傳教會史之貢獻、」(Michel Boym jésuite polonais et la fin des Ming en Chine(1646—

1662), Contribution à l'histoire des missions d' Extrême-Orient) 巴黎 Pierre Bossuet 書店一九三三年出版卷首九頁、本文二八三頁、勘誤一頁、圖一頁。

沙不烈君對於波蘭同傳教會史皆表示一種相當之同情、所以撰此卜彌格神甫傳、直接間接裒輯關於此神甫之事蹟、用力很勤。尚有兩種材料、也是他宜於參考的、但是他未能見這不能算是他的過失。一種是耶格兒（Jäger）君的佳文、「瞿式耜之末日」(Die letzten Tage des Kü Schi-si 見 Sinica 第八冊、一九三三年刊、一九七至二〇七頁、）永歷末年的正確年代之考訂、要以此文爲第一次、不幸出版太晚、未及採用。一種是克萊色兒（A. Kleiser）所撰的「卜彌格奉使記」（Die Gesandtschaftsreise des P. Michael Boym S. J. im Auftrage einer christlichen Kaiserin in China 1650-1659 見一九二六年刊 Die Katholischen Missionen）、亦是佳作、不幸巴黎諸大圖書館皆未藏有這部「公教傳道會」刊物。註二

註二　沙不烈君幾未引用 Pfister 的「耶穌會士略傳」（二版二六九至二七六頁、）（鈞案後此省稱此書爲略傳、）亦未引用 Streit 書（Bibl. Missionum）第五冊。（尤其是七九

三至七九四頁）可是後一書對於卜彌格的記錄亦不甚正確。克萊色兒之文曾經耶格兒引用過。然不見於 Streit 書、亦不見於「略傳」的重刊本。今賴沙不烈君將國民圖書館所藏 Colombel 神甫的「江南傳道會史」（Histoire de la Mission du Kiangnan）檢出、因爲此書非公開閱覽之書、從來未經人引用過。沙不烈君是箇在俗的人、當然不能直接檢閱耶穌會的總檔。可是有人告訴他所得關於卜彌格的材料搜羅已盡、然而原書（一五三頁）說耶穌會檔册中「關於中國的檔册大半業已散失」、此事未免可異。因爲有些刊物、如 Väth 神甫對於湯若望（Schall）的撰述之類、證明其事適與本書所言者相反也。

卜彌格（Michel-pierre Boym）好像是在一六一二年誕生於 Lwow 城。先世從匈牙利徙居來此、不久便成貴族。他在一六三一年八月十六日入 Cracovie 城之習道院、後曾至羅馬。一六四二年時、從葡萄牙京城立斯本（Lisbonne）赴遠東、在日本教區中服務、當時日本教區並包括越南半島東部同海南島、所以區部設在澳門。卜彌格好像在一六四五年被派到交趾（Tonkin）註三已而在一六四七年被派到海南島中之定安。（在瓊州之南、）註四疑在一六四八年奉命回交趾、一六四九年又從交趾登舟赴澳門、一六五〇年一月、諸傳教師得還海南島時、註五 好像卜彌格不在行中、因爲他在永歷朝中之任務、即開始於是時也。

註三　沙不烈君（七三頁）據 Montézon 同 Estève 合撰的「南圻北圻之傳教會」（Mission de la Cochinchine et du Tonkin, Paris, 1858, p. 391）書末所載名錄、謂在此年「略傳」二版二七〇頁所本之源應同、但此名錄內容譌誤不少、此條是否確實不誤、而卜彌格在一六四七或一六四八年前、是否曾至交趾、尚有問題。

註四　沙不烈君（七三頁）據 Cardim 書（Batalhas）、謂在一六四六至一六五〇年間諸事變中、卜彌格人在定安、「略傳」二版三二九至三三〇頁則云、一六四六年時、陸安德（Jean Lobelli 或 Lubelli）偕二傳教師自澳門赴海南、同舟者尚有赴交趾之神甫四人、海中遇難、祇有他一人獲救、並謂事見 Montézon 書五三至五四頁、同 Cardim 書九九頁、又云「一六四七年時、陸安德神甫始能偕卜彌格及葡萄牙籍的 Jean Nunes 二神甫行抵海南。（見 Dunyn-Szpot 撰「耶穌會士傳教中國史」一六四七年下、並 Montézon 書頁數同前、）惟因韃靼人侵入此島、他們不能久留、林本篤（Benoît de Mattos）神甫遂命他們回交趾、復由交趾回澳門、重返海南的計畫、在一六五五年才能實行。」又在附註中云、「卜彌格神甫於一六五〇年回澳門、（見 Montézon 書頁數同前、）」我雖未見 Dunyn-Szpot 所撰的歷史寫本、然承認「略傳」所引之說不誤。反之、Montézon 書之言陸安德在一六四六年遇海險者、乃對於此人在一六四七年與卜彌格同行、及一六五〇年卜彌格回澳門事、竟無一言。但是在書末所附的「傳教交趾之耶穌會士名錄」中陸安德神甫條下、僅言其在一六四六年入交趾傳道會。而卜彌格則已在一六四五年入此傳道會後、在一六五九年離去。顧此名錄本身亦有錯誤不少。陸安德在一六四六年入交趾的年代、似不足憑、因為他在一六四七或一六四八年離開海南以後、始赴交趾也。至若卜彌格的情形、或者相同。我以為一六四五年的年代也很可疑。所餘者卜彌格離開交趾的一六五九年、沙不烈君（七三頁）對於這箇年代雖有解說、我以為 Montézon 編纂名錄之時、誤以應列後欄死亡欄之一六五九年、列於前欄。遂使人誤以他離開交趾在一六五九年、因為卜彌格之歿年、確在一六五九年也。復次我以為這箇一六五九年之「離去」年代、復經「略傳」誤識為一六五〇年、由是他遂謂卜彌格在此年由交趾回澳門。

註五　沙不烈君雖在事後得見「略傳、」而在此處所言未詳。但是宣教會（Propagande）的檔冊、對於一六五〇年一月諸傳教師還海南事、曾有一種明白的記載。如此看來、「略傳」謂重返海南的計畫在一六五五年才見實行一說、誤矣。我們應該知道、當時海南隸於日本教區。「略傳」所知日本教區之事、應不及中國副教區之事之詳也。

清兵雖在一六四四年取北京。明朝諸王尙能在南方抵抗甚久、其末一王、就是在一定時間獲有若干勝利的桂王由榔。由榔以一六一一年生。註六 於一六四六年十一月二十日在廣東肇慶號監國。於同年十二月二十四日在同城卽帝位、定年號曰永歷。然清兵在一六四七年一月二十日取廣州、永歷先走廣西梧州、繼走桂林、當時他的左右、有幾箇舊已信奉基督教的人、就中若一六三〇年前在北京由龍華民(Longobardi)授洗的太監龐天壽（教名 Achillée） 註七 同大學士瞿式耜、（教名 Thomas、此人系出江蘇常熟的一望族、）總兵焦璉、（教名 Luc）、皆其著名者也。已而清兵進攻桂林、圍城之役、始一六四七年三月二十日、迄七月一日、久攻不能下、遂引去。會清江西總兵同廣東提督以二省叛附永歷、由是永歷恢復之地共有七省。可是不能久保有之。一六五〇年十一月二十五日、清兵復取廣東、越三日、入桂林、殺瞿式耜。由是永歷流離奔走、至於緬甸。終由緬人執獻中國、一六六二年六月十一日、爲清人縊殺於雲南府。

註六　據耶格兒所引之「西南紀事」、由榔卽位時有三十六歲。惟據一六五〇年刊行之「中華帝國紀要」（Suma del Estado……）、則謂其時僅年二十六歲。（沙不烈書六七頁）二年必有一誤（因爲二三兩字字形相近）案由榔之父爲泰昌帝之弟而泰昌帝出生於一五八二年。由榔之父出生之時雖晚在一五八二年後數年、然在一六一一年時得有一子也。又據「中華帝國紀要」、永歷卽位時、其母年四十七歲。則出生於一六〇〇年之母、在一六一一年時不得有子矣。顧「紀要」在此處所指者、是永歷之嫡母。其生母年齡可以較大。復次「紀要」中有不少舛誤、如寫永歷作 Tulie 謂卽位在一六四四年、等類錯誤皆是。已中國載籍較爲可憑、所以我取永歷出生之年在一六一一年一說。

註七　「略傳」第一版誤龐作潘。第二版二六四頁不誤。耶格兒曾言明史除在卷一二〇中偶言及龐天壽相從永歷外、未爲立傳。然我在明史之前、曾在他書見有此人之名。國民圖書館（Courant 目錄七二六八號）藏有北京景教堂印行之艾儒略 （Aleni） 選述一部、首載龐天壽亞基樓 （Achillée） 序。此刻本未題年月、要在一六二五至一六五〇年間印行。因爲當時受有西安景教碑之影響、常名基督教堂曰景教堂也。此外尙可確定龐天壽撰此序時應在清兵取北京以前。質言之、在一六四四年以前。至若關於龐天壽之受洗年代、舊謂授洗人是湯若望、而此改作龍華民者、可參考沙不烈書六四頁、一〇一頁、一〇五頁、龍華民授洗事。曾經耶穌會文學年鑑（Annuae Litterae Soc. Jesu anni M. DC. L. Dillingen, 1658）證實。克萊色兒撰文中曾引之。（並參考耶格兒撰文一九九頁註 a、）惟沙不烈君未獲知之。龐天壽在一六五七年六月死於雲南府。（耶格兒撰文一九九頁、）其初次謁永歷、似在一六四六年奉隆武命往謁永歷之時。（參考沙不烈書七六至七七頁、）沙不烈君（九三頁）採錄Backhouse & Bland, Annals and Memoirs, 223 之說、謂龐天壽在一六五〇年時有六十二歲。可是這部「編年書」錯誤叢出、此說毫無根據。與其誤寫 Kircher 作 Kirchner、及誤 Boym 作 Father Dominic、皆相等也。

當一五八二年終時、羅明堅（Ruggieri）同巴範濟（Pasio）業已在總督駐在之肇慶傳佈宗教、不久被迫出走。然羅明堅在一五八三年九月偕利瑪竇（Matteo Ricci）復還肇慶、此第二次之傳教。閱年始久、在近代時、於中國本部創立一種傳教會、是爲第一次。註八 此後六十年間、此傳道會之作何歸宿、我無暇在此處尋究。僅言在永歷同他左右有一部份是基督教徒之時、肇慶祇有傳教師一人、其人就是瞿安德（Andreas Xavier Koffler)。

註八　耶格兒（一二七頁）以爲利瑪竇在一五八二年時卽至肇慶、誤也。

瞿安德原名 Andreas Wolfgang Koffler、以一六〇三年出生於下奧地利州（Basse-Autriche）之 Krems 城。註九 其家世奉路德（Luther）教。母寡居後、攜其子女數人徙居 Ratisbonne。幼年的瞿安德留在維也納（Vienne）、遂在此城歸向公教（catholicisme）註一〇 他在一六二七年入耶穌會。在一六三九或一六四〇年赴遠東。或者已被派遣在中國服務。註一一 一六四一年十一月抵 Surate、一六四二年一月抵 Goa。註一二 一六四二年終、瞿安德留居 Batavia 很久。先因海風不順、後因上級人員的命令、所以未克成行。註一三 好像他在一六四三年至澳門。可是留居澳門時至少有兩年、因爲沙不烈君（六四頁）初發現的一封信、是他在一六四八年十一月二十八日作於廣州者、內有 ego Sinas in ressus ante triennium 一語。如此看來、他由澳門入中國內地時、應在一六四五年。註一四 當時他在中國、僅以安德紗微（Andrea Xavier）名稱而顯。註一五

註九　「路傳」兩版、第九十二傳、並誤生年作一六一三年。城名作 Kaems。

註一〇　是爲一七二三年八月六日 Krems 城的一封信供給 Weltbott（第一册第十三號）的編輯人之很確實的材料。「路傳」二版二六五頁所記又有不同、恐怕是將同一材料誤解。沙不烈書六二頁所言之「中國紀事」（Relatione della China）、我不知爲何書。

註一一　「路傳」二版二六六頁、說瞿安德「在一六四〇年從立斯本登舟赴中國、」或者有其理由。可是 Fr. Piccolomini 神甫在一六五〇年刊行的「一封信的鈔本」（Copia di una carta、可參考 Cordier 之中國書錄（Bibl. Sin.）二版三五六六則。我參考的是 Madrid, Diego Diaz 的一六五〇年刊本、）中說瞿安德神甫在十一年前赴印度、則可假定他出發之年在一六三九年矣。我在後一註中所說的那些信札如已刊布、此年不難得一確證。

註一二　「路傳」二版二六九頁說 Apponyi 圖書館中藏有瞿安德手寫的信札兩件、第一封信是在一六四一年十一月十九日作於 Surate、第二封信是在一六四二年一月二十七日作於 Goa。但是 Sommervogel 書第四册一一五六至一一五七頁轉錄 Stöger 神甫的一條附註。據說 Apponyi 圖書館藏有瞿安德的信札三封、一封題一六四〇年一月二十七日、第二封題一六四一年十一月十九日、第三封題一六四二年十二月三日。此第三書與 Weltbott 第十號所刊布之一信札相混。Streit 書對於別二封信無一言及之。如果一六四〇年一月二十七日（設非「略傳」的一六四二年一月二十七日）的年月不誤、則其由立斯本出發之實在的年代、應是一六三九年、而非一六四〇年矣。

註一三 據他在一六四二年十二月三日在 Batavia 通信中所言如此。他在此信中並言及 Antonio Rubino 等在日本殉道的細情。瞿安德的「日本長崎城商業主席 Sr. Jean Eldsdracht 之日記摘錄、」(Relation extraite du papier journal du Sr. Jean Eldsdracht, President du commerce en la ville de Nangazaqui au Japon... l'an M. DC. XLII...l'illustre Confession de foy du R. P. Antoine Rubino... traduite fidelement du Flamend en Latin par le B. André Xavier...) 顯然是在此地撰述的。這部荷蘭文日記的拉丁（Latin）文譯本、世人祇知道有一部法文重譯本（參照 Streit 書第五冊五五六頁）、瞿安德在他一六四二年十二月三日通信中所得的相類消息、應該也是出於 Eldsdracht 的日記、同攜來此日記的那些荷蘭人的口頭報告的。瞿安德根據這部日記所言的那些傳教師、就是 Antonio Rubino 同其同伴沙不

烈君（一七二頁）曾偶言 Rubino 以外、尙有 Diego Morales。並說 Rubino 在一六四三年殉道於日本。「略傳」二版二四八頁說、Rubino 死於一六四三年三月二十二日。他的同伴死於二十三日及以後數日。「略傳」在他的同伴中、也列舉有 Diego Morales 的名稱。一六四三年三月二十二及二十三等日的時期、大致爲世人所承認、尤憑藉的是 Alex. de Rhodes 神甫之書。（參照 Streit 書第五冊一五七三則、）瞿安德的記述僅言這些傳教師最初受難的情形。他在諸傳教師中並未列舉有 Diego Morales、或者因爲此神甫的名稱時常參加在禮儀問題辯論之內、故默而不言其名歟。

註一四　Sommervogel 書、繼以「略傳」並著錄有一封瞿安德作於一六四四年十一月二十七日的信札。可是未言作於何地、Streit 書未著錄有這封未刊的信札。

註一五　據 Der neue Weltbott 第一冊第十三號四五頁之說、將他的 Andreas-Wolfgang 名稱變爲 Andreas-Xavier 的、是葡萄牙人。然則在他赴遠東以後矣。「略傳」二版二六五頁、好像是說他在一六二七年入耶穌會時自改其名。沙不烈君（六二二頁）對於這件問題所發揮的意見、不知是一種推斷、抑是別有所本。

惟是關於瞿安德以後的事蹟、記載不無牴牾之點。「略傳」第二版（二六六頁）

說瞿安德「自從到了中國以後、就同明朝的後裔共患難。他曾與統率澳門所遣援助永歷的三百兵卒的統領 Nicolas Ferreira 相隨。」沙不烈君亦說瞿安德在一六四五年入中國境、並說「他以葡萄牙援兵的隨軍教師的名義進入中國、嗣被留於永歷朝廷。」沙不烈（六一頁及七六頁）君又據 de la Servière 神甫之說、謂澳門遺派 Nicolo Ferreira 同葡萄牙兵三百人者、乃因畢方濟 (Sambiasi) 神甫交涉之結果。

畢方濟之赴澳門、實爲隆武所遣派、或者偕太監龐天壽同行。龐天壽並往見後來不久稱永歷帝的桂王。此事之經過在一六四六年夏杪、隆武死後、畢方濟神甫留居廣州、曾在其地建設教堂一所。一六四七年一月二十日清兵取廣州時、他尚在其地。（參考「略傳」二版一四一至一四二頁、）註一六 又一方面可以確定者、一六四七年三月二十至七月一日、清兵圍廣西桂林時、Nicolas Ferreira 所統的葡萄牙援軍在永歷所。或者就因爲葡萄牙人的炮火、清兵始解圍去。（參照耶格兒撰文一九七頁、）則澳門的葡萄牙援兵不應在廣東陷落後始赴永歷所、其事甚明。世人可以主張葡萄牙人往援永歷時、就在一六四六年終十一月或十二月時、或者就是畢方濟神甫交涉之結果。

註一六　我在此處所轉錄關於畢方濟的事跡、皆是相傳下來的紀錄。然與「中華帝國紀要」（此書後別有說）的記載難盡相符。

但是瞿安德神甫同葡萄牙的援兵離去澳門一說、我以爲不可靠。洵如此說、他「入」中國時則在一六四六年終、而非他所明言的一六四五年矣。卽據沙不烈君（七六至七七頁）之說、龐天壽奉隆武命來謁永歷之時、質言之在一六四六年八九月。葡萄牙援兵尚未在澳門出發以前、瞿安德同焦璉正在永歷左右。

有一條記載、我以爲似可以解決這件問題。Alexandre de Rhodes (Tunchinensis Historiae libri duo, Lyon, 1652, p. 191-193) 註一七 記錄有云、澳門教團日耳曼籍的神甫安德紗徵、（指瞿安德、）在一六四四年派到中國。賴他的數學知識豐富、受人歡迎。曾作了一件很大的事業。他尤爲交趾隣省的一箇長官（prorex）名 Luc 的基督教徒所優禮。會有交趾國王的貢使還自北京、安德紗徵神甫乘其經過廣西時、勸此長官厚爲款待。因爲安德紗微神甫曾有若干時間奉派往交趾服務、他尙未忘前此的使命也。此外他並求此長官作書致交趾國王、讚揚基督教。並命親信人持書隨交趾使臣同往。這封書的結果、則使六箇月中、交趾人受洗者有一萬二千人。他看見有此成績、於是決定在交趾建立些新傳教會、當時的視察員 Manuel de Azevedo 在澳門神學院選了神甫五人、於一六四六年杪前往交趾。

註一七　應該參考 de Rhodes 神甫的原文、Montézon 的所謂譯文、是一種不完全的譯文、並有曲解。

Alex. de Rhodes 神甫是親見交趾事物的人、對於瞿安德之入中國、或者記錯一年。因爲據瞿安德本人之說、勿寧謂在一六四五年也。可是安南使臣經過中國隣省、加以一萬二千人受洗之六箇月的期間、同報告到澳門、並遣派新傳教師的時間、合計也應須一年之久。如此看來、瞿安德入中國時、最晚應在一六四五年。由是不能涉及葡萄牙援兵的問題矣。安南使臣尋常所遵之途、是廣西省。則一六四五年時、瞿安德神甫所在之地、就在廣西省內之梧州或桂林名喚 Luc 的基督教長官、應是焦璉。

可是焦璉未爲廣西長官而且其人爲瞿安德所熟識、（沙不列書七七頁、）不應有此誤解案在一六四五年夏季以來、爲廣西長官者、就是奉基督教的瞿式耜。（耶格兒撰文二〇三頁、）殆因 A. de Rhodes 對於此點有所混解。註一八 無論如何、瞿安德在一六四五年建設一傳教會的地方、應在梧州或桂林。基督教徒瞿式耜同焦璉駐載的所在。一六四六年終永歷即位時、他或者由此處赴肇慶、逗留若干時。次年一月、永歷走桂林時、瞿安德既還他的廣西教區、曾在葡萄牙援兵軍中做過若干時的隨軍教師、亦有其可能。可是不常在軍中。因爲桂林被圍時、（一六四七年三月二十至七月一日、）他曾偕龐天壽被派到北方調集新軍也。

註一八　Koffler 神甫不知在何時改用中國姓名、或者他採用的就是瞿式耜的姓。他的中國姓名、歷來皆作瞿安德（André Koffler）字體泰。（略傳二版二六五頁、）但是在一六五〇年十一月四日永歷太后烈納（Hélène）致教皇書中則名曰瞿紗微（Xavier Koffler）。

永歷宮中有一部份人之受洗者、蓋因瞿安德之勸導、同龐天壽瞿式耜焦璉等贊助之功。

我們對於此事有若干載籍可據。這些載籍有的是瞿安德的信札、或是本於此種信札的文件、有的是本於卜彌格的文件、有的是皇太后烈納同太監龐天壽亞基樓致教皇等書。而由卜彌格齎往羅馬者、沙不烈君所採輯者、爲數不少。可是有若干點尙有確定之必要。玆請先言直接間接本於瞿安德的載籍。

（一）「中華帝國紀要」(Svmma del Estado del Imperio de la China......Mexico, Iuan Ruyz, 1650, in-4, 12 ff.)、此書全名、可檢 Streit 書第五册二二一〇則。Streit 未將收藏此罕見的刊本之處所標明。沙不烈君曾在宣教會檔庫中獲見一本、(Lettere Antiche vol. 193)、此本之沿革尙不難考求得之。中國副教區的信札、以及澳門的信札、曾經轉致於菲律濱(Philippines)的耶穌會士。諸信札中最使人驚異的、就是瞿安德敍述隆武同畢方濟的關係。永歷初即位、及諸后妃受洗、等事的信札之鈔本、以及魯德照(Semedo)作於澳門、從 Macassar 寄到歐洲、報告永歷在其後未久遣派信奉基督教的官吏奉使到澳門的一件信札。瞿安德那封長信、大致已照文翻譯。諸信札之年月未經標明。可是曾言瞿安德之信札係作於一六四八年者。這種驚人消息、顯然是由此兩封信札從菲律濱傳到墨西哥（Mexico）、所以才有這部刊本。本書開始所誌淸人佔領中國北部之文、僅爲一種緒言。沙不烈君對於從 Macassar 寄到歐洲的那些信札信札之說明、非真相也。

（二）別本「中華帝國紀要」（Svma del Estado del Imperio de la China...... Madrid, Pablo de Val, 1651, in-fol. 2ff.）可參考 Streit 書第五冊二三一九則。此書之罕見、幾與一六五〇年墨西哥的刊本相同。Streit 說 Valladolid 城之Santa-Cruz圖書館藏有一本。我現在也收藏有一本。此本是兩開本、合計二頁、字行極密、故能將墨西哥刊本的全文完全錄出。我現在所用的、就是這部一六五一年的刊本。

（三）荷蘭文本「中華帝國紀要」（Cort Begrip Vanden Staet van het groot Rijck van China Ende van het Christendom aldaer van het Iaer 1637. tot 1649. Overgheset uyt het Spaensch ghedruckt to Mexico, t'Antwerpen by Guilliam Verdussen 1651, in-8, 71 p.）案 Cordier 中國書錄二版一〇七八至一〇七九頁。同 Streit 書第五冊二三一八則的著錄、是本於 Sommervogel 書第四冊一一五六頁者。然

Sommervogel未知墨西哥刊本的原西班牙文本爲何本。(中國書錄二版一〇七九頁已引其語、) Streit 說此荷蘭文本就是西班牙文本「中華帝國紀要」的譯本。所見固不錯、然而其中尙有別的材料、而未經他注意到的。此本一至二五頁、應與「中華帝國紀要」本瞿安德信札前之文相合。二五頁至四八頁、(等如 Streit 書第五册的二一九七則、) 顯然就是瞿安德在一六四八年所寫的信札。而經「中華帝國紀要」刊布者。四八頁至六二頁、大致可以確定是魯德照信札的譯文。可是墨西哥的西班牙原本盡於此矣。荷蘭文尙有一封瞿安德自廣州致 Florentius de Mon-morency 神甫書。所題年月是一六四八年十一月二十五日。(六二至六七頁、)別有一封瞿安德自廣州致 Joannes Schega 神甫書、所題年月是一六四八年十二月二十八日。(六七頁至七一頁、) 這皆是「中華帝國紀要」兩種刻本中並闕的文件、應是瞿安德直接寄往歐洲、而經荷蘭譯人加入「紀要」譯文之後者。瞿安德並在一六四八年十一月二十八日自廣州直接致書於耶穌會的統領 Caraffa。(沙不烈書六四頁、) 不幸 Streit 未言收藏此荷蘭文本的所在、而我亦未獲知之。吾人雖不能見此類瞿安德的原信、觀其題年、可以證明他在一六四八年十一月二十五至二十八日、到過廣州一次。又在一六四八年十二月二十八日、到過廣州一次。時永歷駐在肇慶、而肇慶距廣州甚近、易於往來也。

（四）葡萄牙文本「一六四八年中國君后皈依記」（Relaçao da converao a nossa Sancta Fé da Rainha, & Principe da China......que Se baptizarao o anno de 1648, Lisbonne, Craesbeeck, 22 oct. 1650, in-4, 16 pages）、參照 Corcier 中國書錄二版八一八頁、Streit 書第五冊二二〇九則。（其中的 Outubro 誤刊作 octubre）、沙不烈君未見此本、可是巴黎國民圖書館藏有一本、Cordier 著錄有兩本、我還可指出兩本、一本是日本岩崎男爵的 Morrison Library 所藏本、（書目第二冊四七四頁、）一本是我的收藏本。世人從 Figaniere 之說、以爲此書撰人是利瑪弟（Matias de Maya）、時利瑪弟確在澳門也。姑無論此說是否確實、此本撰人必見瞿安德在一六四八年中所寫的信札。並且還知道一六四八年十月杪澳門的事情。

（五）「一封信的鈔本、」（Copia de vna Carta, escrita por el R. P. Francisco Picolomini...bobre los...progressos de la Religion Chrestiana en los Reynos de la China, Madrid, Diego Diaz, 1650, in-4 2 ffnch.)、參照 Streit 書第五冊二一〇八則、Maggs 書目四一三卷（一九二一年刊）七七二號定價十鎊十先令、我也收藏有一本。此信是耶穌會統領 Piccolomini 致 Aragon 之總管 (provincial) 者。他間接根據的、就是瞿安德神甫的那些信札。

（六）別本「一封信的鈔本、」刊年及版本形式相同、在 Séville 城的 Juan Gomez de Blaz 書店出版。Streit 書未曾著錄、Maggs 書目四一三卷（一九二一年刊）七七一號載有一本、定價十鎊十先令。

（七）別本「一封信的鈔本」在次年出版、版形及出版處所與前書同。可參照 Streit 書第五冊二二一七則、Maggs 書目四一三卷（一九二一年刊）七七六號定價六鎊六先令。

（八）數年前、Bosmans 神甫曾言 Bruxelles 全國總檔庫（Flandre-Belgique 教區耶穌會檔庫、檔冊八一二至九一一五號、一四五至一四六頁、）所保藏的文件、誌有瞿安德神甫使明朝后妃皈依事、我未詳此類文件之所本。

如上所述、並是直接間接本於瞿安德神甫的文件、可以據之確定若干問題。「略傳」二版二六七頁謂明朝后妃在一六四七年四月受洗。沙不烈君（七七至八〇頁）所想的年月、似亦相同。乃觀上引「皈依記」的標題、既謂諸后妃之受洗事、在一六四八年。又考「紀要」本中所譯瞿安德神甫信札敍述之次第、亦應位其事於一六四八年三四月中。註一九 現在吾人可以確定瞿安德此信之時期也。瞿安德說、接着在一六四八年五月初、永歷某妃所生之女死。繼言其後未久、永歷正后誕生皇子。案此皇子實生於一六四八年五月二十二日。（參考耶格兒撰文一九九頁、）顧永歷限在三箇月後始許此子受洗。而瞿安德的信札殿以皇子受洗事。則此信應作於一六四八年八月杪也。世人已知永歷太后（永歷嫡母、非永歷生母、）受洗的名稱是烈納（Hélène）皇子受洗的名稱是當定（Constantin）。永歷本人從未爲基督教徒。卜彌格在他一六五四年的「略記」（Briefve relation）中說他是一箇「洗禮志願人、」乃是故甚其詞。

註一九　這種誤會殆是本於太后烈納致教皇書此書作於一六五〇年中有「領聖水閱三年矣」一語要知中國人計算年月有用虛數者其首尾三年僅當吾人之二年。

如此看來、一六四八年八月杪、永歷左右著名的基督教徒、除龐天壽瞿式耜焦璉三人外、尙有下列諸人。

(一)永歷嫡母王氏、教名烈納(Hélène)。

(二)永歷生母馬氏、教名瑪利亞(Maria)。

(三)永歷正后王氏、教名亞納(Anne)。

永歷在其間曾挈其宮廷至肇慶。曾在肇慶遣使臣二人(據皈依記)或三人(據卜彌格記)赴澳門。使臣於一六四八年十月十七日在澳門登岸。於作視察員的神甫舉行一萬一千貞女紀念彌撒之日、(十月二十一日)、以所齎禮物贈與耶穌會士。澳門以若干禮物及若干兵器答禮。聖誕節後、瞿安德親至澳門、代永歷請求救兵。註二〇

註二〇　根據前述三信所題年月、瞿安德至少到過廣州兩次。一次在一六四八年十一月二十五至

二十八日之間、一次在同年十二月二十八日。如此看來、他在前一次離肇慶時、未直接到澳門。據皈依記、他過了聖誕節以後、始至澳門。又據同記、澳門的葡萄牙人派兩箇有經驗的隊長、統率士卒三百人、攜炮二門、並附屬物件、往援永曆。核以瞿安德到達澳門的時期、這隊救兵好像在一六四九年初才能成行。

因爲永曆雖然暫時機遇轉佳、尙覺將有淸兵逼迫之虞。於是有人爲他求援、卜彌格奉使到歐洲的目的、必定也爲此事。

當時在永曆左右的傳教師、至是僅有瞿安德一人。註二一　蓋一六四九年初、畢方濟歿於廣州。其後未久、魯德照至廣州、曾進至肇慶。然在三月二十七或二十八日離肇慶、而於四月一日前後回澳門。魯德照指定卜彌格前往永曆朝輔助瞿安德之時、應在此後數月內。則是一六四九年中事、而非一六五〇年中事矣。（參照沙不烈書七十頁）迨至遣使赴羅馬的計畫決定之時、卜彌格遂被指派前往。

註二一　永曆有箇舊臣、曾在瞿安德處受洗者、於一六五五年在海南島告訴穆尼各(Smogulecki)神甫的話、好像是不可信的。據說永曆皇子當定朝內、有一耶穌會士名喚 Michael Barbosa。 他先在海南灣中遭難、被小舟救出。同行的其他葡萄牙人也一並獲救。諸人後皆在當定朝中盡職。（參照「略傳」二六四頁、）但是一六五五年時、皇子當定祇有七歲、隨其父奔走流離。永歷尚未死、說不上當定朝。這箇舊臣殆是誤信或誤解人言。傳教士在海南灣中被難的不少、或者這箇 Michel Barbosa 名稱隱指身在永歷朝的卜彌格。

設若審查此次遣使之情形、好像其意是發動於耶穌會士。而非出於永歷左右的中國人者。蓋因后妃皇子之受洗、耶穌會士以爲明朝如果光復、中國公教的前途將必不可限量。況且一六四八及一六四九年時、雖有清兵進迫之虞。永歷命運暫時轉佳、尤使人預睹光復爲可能。在吾人今日視之、固不失爲幻想。而在當時必有人希望藉基督教的歐洲之力、以援一部份人信仰基督教之朝廷也。至在中國人方面、我想對於這種舉動未必樂從、未必抱有很大的幻想。永歷本人毫無參加之跡。就是他信奉基督教的要臣瞿式耜、也未參加。（註二二）僅由太后烈納同太監龐天壽出名致書。其書有四、兩書係由太后烈納致教皇及耶穌會統領者、所題年月皆是一六五〇年十一月四日。兩書係龐天壽致教皇及耶穌會統領者、所題年月是一六五〇年十一月一日。註二三 致教皇的兩封原書、曾爲教廷所保存。致耶穌會統領之二書、現僅在Marini 書中得見其拉丁文譯文。註二四 衛匡國 (Martini) 之一寫本、對於龐天壽致教皇書的封面、亦有詳細的記錄。（沙不烈書一〇〇頁、）最後沙不烈君（一〇五頁）在宣教會得見一種記載、就是關於龐天壽命卜彌格獻給聖納爵 (Saint-Ignace) 墳墓的銀牌上刻文字之記載。沙不烈君所未見一六五〇年的「文學年鑑」（參照本文註七、）有一段亦係關於此銀牌文字的記錄。

註二二 瞿式耜教名 Thomas、確已受洗、若據歐洲人的記述、他並且是箇實行教儀的一箇基督教徒。可是在他的文集同他的絕命詩中、僅表示他是箇儒教中人、這也無怪耶格兒君覺得奇異。

註二三 此年月確實不誤。沙不烈君因爲受了一九一二年 Parker 譯文、同一九一五年北京公教報 (Bull. cathol. de Pékin) 所載錯誤年月的影響、無怪他躊躇不決。

註二四 今人大致說致教皇的原書僅在一九一一年在教廷中發現、發現的人是張元濟。（見略傳二七〇頁、耶格兒撰文二〇〇頁誤作張居正、）張君字菊生、曾爲商務印書館的總經理。沙不烈君（九四至九五頁）因一九一一年之「發現」、遂斷言這封原書先前曾爲 Crétineau-Joly）所見者、應是太后烈納致耶穌會統領書、今已遺失了。可是太后烈納同龐天壽的原書、久在教廷保存、並未遺失、不過張君在一九一一年提起世人之注意耳。「略傳」第一版三四五頁在一八六八至一八七五年間曾引其文、「略傳」第二版二六七頁亦轉載之。據說「除開一切同時人的證明外、太后同龐太監所致教皇同耶穌會統領的原書、現尚存在」。此文並不是說「略傳」的撰人僅見歐洲語言的譯文、否則人將詆其爲僞矣。其惟一的難點、就是此文假定教廷所保存的、不僅是今日已知尚存教廷的原書、而且還有今日未見的致耶穌會統領書。

遣使的方針一旦決定以後、遂命卜彌格神甫爲使臣。龐天壽並命兩箇中國人隨使前往。（沙不烈書一〇七頁、二二四頁）其一人是箇十九歲的基督教徒、名 André、其姓或作 Hien、或作 Sin、或作 Chin、或作 Chen。註二五 其官位等若統帶兩千人的武官之 yeu-ki、別一人名稱 Joseph Lo、在道得疾、中途折還、未隨使往。註二六

註二五　沙不烈君在宣教會檔册中所見的寫法、疑是 Hien。（或者 Chen 的寫法亦然、）略傳二版二七〇頁作 André Siu 或 Kin。謂出 Dunyn-Szpot 書一六四九年下案 Siu 應

是 Sin 之譌。至若 Kin、他書未見著錄。Kircher 之 Oedipus Aegyptiacus 第二十六讚、作 Andreas Chin. Kircher 又在其所撰之 China monumentis illustrata（一六六七年刊）中、引卜彌格作於一六五三年十一月四日之一信札、（十頁、）說有一中國青年貴族名 Don Chin Andreas。可是他又在前面（七頁）寫此名作 Andreas Don Sin、卜彌格信札後所著錄的那箇曾見西安碑文原本（指漢文拓本。）抄錄於 Kircher 版上的人、則作 Andreas don Sin Sina 同 Matthaeus Sina。一六七〇年出版的法文譯本保存同一寫法。惟在 Kircher 的緒言（十一頁）中、則作「André don Dion Sin 神甫」。這種寫法有兩重錯誤、一因其人非教會中人、二因 Dion 僅爲 don 重出的譌寫也。如此看來、Rémusat 視 Don Sin 是一箇中國耶穌會士。其誤並不出於熟識此人的 Kircher。如沙不烈君之推測、（二二四頁、）實爲翻譯 Kircher 書的法國譯人之錯誤也。Don 僅表示此中國青年出於貴族。（同他處名龐天壽曰 Don Achilleus 的例子一樣、）誠如沙不烈君之說、其姓或應作「沈。」至若 yeu-ki （沙不烈君誤作 yen-ki、）況且 yeu-ki 的寫法、並見於 Oedipus Aegyptiacus 第二十六讚末也、）應是中國遊擊官號之對音。

註二六　「略傳」一版三四八頁寫作 Ko 二版二七〇頁寫作 K'o。顯其所據的、僅是 Dunyn-Szpot 史的一種鈔本而此鈔本的寫眞本曾寄給沙不烈君看過。沙不烈君數引宣教會諸寫本之文、而名其人曰 Joseph Lo。則除非有反證外、我以爲此 Ko 或 K'o 的寫法有誤。關於此人中途折還的事實、可並參考沙不烈書一五七頁。「略傳」且謂此 Joseph Lo 在 Kircher 書中名 Mathieu、這種上溯至 Bayer 的同一考訂、曾經耶格兒（二〇頁）採用。沙不烈君（二二五頁）以爲其事不可能、因爲此 Joseph Lo 未曾繼續旅行到羅馬也。此說不爲無見、但是他未言此中國人 Mathieu 爲何人。我以爲這件問題無有疑義。卜彌格的一六五三年十一月四日信札只言 André Sin、未言有此 Mathieu。又一方面卜彌格顯然獨在他的信札署名。Kircher 在其下加增的兩箇名稱、蓋指見過拓本照錄於版上的那些中國人。就事實言、抄錄拓本的只有 Mathieu 一人、而其時不在一六五三年也。吾人可以此版片證之。版上有 Hanc tabulam proprio manu ex autographo descripsit Mattheus Sina Oriundus ex Siganfu Rome A. 1664 一語。如此看來、此籍隸西安府的中國人、是於一六六四年時在羅馬。然則此事無可疑矣。此 Mathieu 並不是卜彌格的一箇同伴。一六五三年時其人不在羅馬、所指者乃是隨從白乃心

（Grueber）自北京出發、經行西藏印度的那箇中國人 Mathieu。此人在一六六四年上半年確在羅馬、後在一六六五年歿於 Constantinople。（可參考 Väth 撰「湯若望傳」"Johann Adam Schall von Bell", 二三九至二四〇頁。）

耶穌會士逆知卜彌格及其同伴之奉使、雖攜帶有那些消息同信札、或不見信於人、所以預先曾爲種種保證。註二七 一六五〇年十一月二十三日、那兩箇中國人在教會的一箇公證人前宣誓、證明卜彌格之奉使、及其所齎信札之真。十二月二十八日、視察員 Sebastiao de Maya 註二八 以證明書付給卜彌格、惟這些證明書僅證明其爲本人、乃因中國副教區之事務遣往謁見耶穌會統領者。並付以致統領箇人之私函一件、此私函後在卜彌格受訊中並未提出、今已不存。根據一種可靠的證明、（參照沙不烈書一五三頁）此私函僅證明卜彌格奉命以太后及龐天壽書送呈教皇。會中人的保證固如此嚴密、可是澳門的官憲在一六五〇年終力阻卜彌格出發。他們以爲此舉可以招致淸人怨恨、而有害於葡萄牙的僑民。視察員 Sedastiao de Maya 以逐其離教爲要脅、澳門長官不得已始放行。卜彌格或者在一六五一年一月一日登舟、乃清兵已在一六五〇年十一月二十五日入廣州、後三日取桂林。瞿式耜被擒、後此不久被殺。永歷偕其左右自梧州走南寧、這些附近不遠地方的事變、澳門之人必定知道。卜彌格固然倘可以奉那些皈依的貴人之使命往羅馬致敬禮、可是想明朝光復而使中國公教地位鞏固的計畫、已成爲未生產而先夭折的計畫矣。註二九

註二七　瞿安德曾在一六五〇年作二書致奧地利教區總管、告以卜彌格神甫不久出發、好像並以卜彌格囑託總管、然則或可假定卜彌格有至維也納的計畫矣。（沙不烈書一五二頁）可是此二信未曾發現、倘不詳其內容若何。

註二八　沙不烈君（一〇八頁）謂不知 Sébastien d'Amaya 神甫爲何許人、僅知其是葡萄牙籍的耶穌會士、同中國日本的視察員。殊不知此人在「略傳」一二版二八三頁有傳、以一五九九年生、一六一三年入耶穌會、一六四〇年前後在印度爲傳教師、一六六四年歿於澳門。「略傳」言其在一六五四年前後爲中國日本的視察員。觀其付與卜彌格的證明書、足證他在一六五〇年時已爲視察員矣。「略傳」二版以爲他書有寫其名作 Amaga 者似誤、殆因 Amaya 一名中之 y 寫法不明、致發生此種誤會。「略傳」一版三六五頁所著錄之 Amaya 似不誤也。

註二九　卜彌格在這種境況中出發、而在羅馬對於永歷此種失敗、毫無一言及之、未免使人驚異。其實他業已知道此種惡耗。卜彌格在他一六五四年的「略記」中、業經承認他在澳門出發時、廣州已陷。他說「自此以後、上帝恩佑皇帝（指永歷）對於叛人打了不少勝仗。我出發時、雖然有人說有一官吏離叛、敵人已取廣東省會、但是以後有人作書告我、說皇帝重取廣州、並且又獲有若干重要勝利、仍舊在繼續作戰。」（見 de Thevenot 輯種種奇異行記、Relat. de divers voyages curieux 第二編十四頁）沙不烈君完全信任卜彌格這下半句話、以為可以承認廣州實在一六五二年陷落。（一九一頁）「略傳」二版一四五頁位置廣州第二次同第末次陷落事於一六五一年十二月。可是耶格兒（一九八頁）所引中國載籍之文所誌一六五〇年十一月二十五日、是毫無疑義的年月。況且嗣後歐洲對於此事知之亦詳、所以 Der Neue Weltbott（第一編第十三號）的纂輯人說、廣州在一六五〇年十一月二十四日陷落。我不信卜彌格曾接到那封使他安心的信札、因為一六五〇年終廣東省內的情形很明瞭、後來亦未發生變故。不信有一箇中國通訊人能夠自欺欺人、殆是這箇不幸的卜彌格想保全他的「面目」、故作此言也。

這種計畫不但有害於澳門的葡萄牙人、而且有害於中國北方的教會。因為北方教會業已歸附清朝、並且賴湯若望頗得權勢。然則 Goa 城的葡萄牙官憲絕對不許卜彌格前進、及他潛行繞道抵羅馬時、耶穌會的統領同教廷不以好顏對他、其故不難解矣。

卜彌格在一六五一年五月卽抵 Goa、葡萄牙官吏不許他登舟、交涉有六箇月之久、仍不發生效力、他遂放棄海行的計畫。於一六五一年十二月八日、偕同 André Si-潛離 Goa、歷經 Golconde, Ispahan, Tauariz, 等城、在一六五二年九月抵 Smyrne 城。註三〇 九月二十九日就是他的本生聖者聖彌格 (Saint Michel) 之日。卜彌格服中國衣冠在 Smyrne 一箇教堂裏面、用意大利語說教、歷述永歷宮廷中人皈依、及其本人旅行犯冒險阻等事。其詞甚長、嗣後他附物搦齊亞 (Venetie) 國的海船、在十一月杪或十二月初間、到達物搦齊亞城 (Venise)。註三一 當時此共和國不許耶穌會士入境。卜彌格乃求法國的大使爲之先容、遂得於十二月十六日進謁總統 (Doge) 及元老院 (Sénat)。謁見時、他仍服中國衣冠、以龐天壽書呈總統。卜彌格在十二月二十三日作書二封、致 Douai 城大學的校長同教授、亦係作於物搦齊亞城者。月杪他首途赴羅馬、他以爲以大使的資格、必受盛禮接待、孰知在道接到耶穌會統領十二月二十一日及二十八日的來書、反大受譴責、命他停留於 Lorette 城。卜彌格在一六五三年二月二十一日作書自辯、才蒙許他前進。及抵羅馬以後、困難並不因之中止、訊問會議、幾有三年之久。才得一六五五年十二月十八日教皇致太后烈納同龐天壽的答書、時太后烈納歿已四年矣。

註三〇　他那篇一六五四年的「略記」、篇首有致讀者詞、其文未免過於古雅、吾人即在此中獲知其行程。

註三一　Girard de Rialle（通報一八九〇年一〇三頁）說卜彌格在一六五二年十二月初抵物搦齊亞城。沙不烈書（一一三頁）則云「觀其後此之敍述、勢應承認在十二月初間或十一月之末數日」。但是根據後文關係卜彌格的第一封信、所題月日是十二月七日、並不含有他到達此地已有若干時間之意。惟據一六五三年德文本「略記」、題曰 Sehr wehrte und angenehme newe Zeitung 者、說他於十一月二十二日在物搦齊亞城登岸、此本關於中國事情固有舛誤矛盾之點、我以爲此條所誌月日可信。

卜彌格到達意大利之情形、提出兩件問題、沙不烈君對於這兩件問題、未曾有所發揮、而他的解說、我可不能贊同。此二問題一是卜彌格在物搦齊亞所執之任務、其一關係卜彌格敍述皈依事及其奉使事那部書的沿革。僅就世人所述者而言。卜彌格自中國出發時、應往訪問物搦齊亞共和國、他對於此事並齎有龐天壽的一封信札。此外他在中國時、並奉命在物搦齊亞求法國大使介紹、此事在不少方面可以使人驚疑。往葡萄牙西班牙法蘭西奧地利這些國、尙有說也、試問這箇物搦齊亞共和國對於中國南方的明朝、有何關係。世人且不能主張此城就是卜彌格在歐洲應到的一城、因爲卽根據沙不烈所引諸文、充分證明卜彌格想從 Goa 登舟、循海赴立斯本。至若他假道 Smyrne 同物搦齊亞者、乃因 Goa 的葡萄牙人不許前進、他無可如何改走的路途。在澳門時卽奉有命請求法國大使介紹、事亦可異。Girard de Rialle 在通報（一八九〇年刊一〇三至一〇四頁）中曾說、「如此看來、在此情況中必須有一箇位高的介紹人、方免被拒、必須其人勢大、才使他能以耶穌會士的身分通過、縱不然、也可使人視若無睹。顧據後文所言、卜彌格神甫所奉的訓令、已預料有命其求助於駐在物搦齊亞的法國大使之場合。此種訓令當然非桂林的朝廷所發出、應是卜彌格神甫的上級人員之命令、由是開闢遠東公教傳教會之法國保護制度、一仿當時法國保護近東回教諸國基督教徒的情形。」沙不烈君（一二〇頁）對於上文末語假擬出諸遠東耶穌會士、尤假擬其出於葡萄牙人 Sebastiao de Maya 的意思、以及忘記當時葡萄牙國王對於傳教會所執行的保護權（jus patronatus）之情形、皆作極有理由之保留。然而他承認 Girard de Rialle 所根據的、是「毫無可疑的法蘭西文同意大利文的文件、」所以說請求法國大使介紹乃是出於澳門的訓令、命卜彌格遵行、其實真相不如是也。意大利文的文件、僅照述法國大使致物搦齊亞官憲書中之語、考一六五二年十二月七日大使書云、「該教士曾求余介紹於貴政府、余因其爲耶穌會士、始以爲難、已而閱其所齎之公文、悉其奉命來求駐此之國王大使保護、用特介紹。」云云、大使所見的公文、應是中國信札之拉丁文的譯文、同 Sebastiao de Maya 的證明書、這些證明書吾人已見其文、（沙不烈書二六三頁、）僅是一種證明其爲卜彌格本人、及其因中國副教區事務奉派西還的一封普通介紹書、註三二 並無涉及物搦齊亞或法國大使之語。法國大使 d'Argenson「知道」

卜彌格應求他介紹者、並不是他曾在一種文件中閱悉其語、殆是聆悉卜彌格之言。然則卜彌格曾對他作何語呢、我的假定如下說當時在路易十四世（Louis XIV）遣派耶穌會士以前、甚至在外國傳教會的神學院之創設、同法國主教之指定以前、葡萄牙人的保護制正在盛行。說不上在中國有人想命卜彌格在諸外國求法國代表之保護、可是卜彌格既受時勢所强迫、不能取道好望角、而由近東西還、及至 Smyrne 偶然附載物搦齊亞國的船舶。Smyrne 的傳教師明知此國不許耶穌會士入境、顧在近東地方、法國國王保護教會、並不是一句空話、於是我以爲教唆卜彌格在物搦齊亞請求法國大使幫助者、就是近東的傳教師。至若意大利文的記載所述法國大使對於物搦齊亞元老院之致詞中、謂卜彌格說此種「教示」乃係出於遠東傳教的「幾箇法國人」者、蓋因卜彌格爲時勢所迫、自以爲於他的「使節」有益、故作此語。d'Argenson 到物搦齊亞不久、輕信卜彌格之言、受了他的利用、而爲之作保護人、因之頗受教廷公使之責難。

註三二　而且法國大使未詳閱此書、因爲書中明言卜彌格是波蘭人、乃在大使的一六五二年十二月七日書中說他是葡萄牙人、這並不是一種筆誤、因爲物搦齊亞的官憲亦聽信法國大使的話、謂其爲葡萄牙人也。（參照一八九〇年通報一一二頁中 "E egli di natione portughese" 之語、又在同報一一六頁別一文件中確作波蘭人、）同一官憲以爲卜彌格留居中國有十五六年、亦有誤會、或是爲人所欺。蓋卜彌格在一六四三年到澳門、在一六五一年一月一日前後自澳門出發、縱將他居留澳門的時間、算作居留中國的時間、總共也不過七年也。

卜彌格此種違反事實的舉動、比較他的別一舉動、我以爲過失尚小。這箇別一舉動、就是以太監龐天壽書面呈物搦齊亞的元老院、卜彌格服中國衣冠、持着一封上題一短行漢文的白絹封皮信札、用意大利語致短詞、翻譯封皮上的漢文、續出封皮內紅紙信箋、譯其文畢、仍置於封皮內、至是 André Sin 授書、前行兩步、跪拜三次、起立、以書交總統手、此種禮節近於兒戲、耶穌會統領責備卜彌格、說他想在物搦齊亞充「大使」、非無故也。其實卜彌格所得的成績、只能使人視爲新奇而已、物搦齊亞國給了他一點錢、贈他同那箇青年中國貴人各人袍服一件、可是對於那封僅致敬禮的書信，未作答覆。

然則這封信札究竟是甚麼信札呢，太后烈納同太監龐天壽致教皇之二書的原文同譯文，致耶穌會統領之二書的譯文，吾人今皆見之，知其爲真正信札，毫無懷疑的餘地。但是龐天壽爲何致書於中國毫無所知的物搦齊亞共和國呢，難道說卜彌格賫有致歐洲一切國王同共和國的書信嗎， Girard de Rialle 曾據題寄法國王后 Anne d'Autriche 一篇題詞中的一句「不大明瞭」的話，假定有之，殊不知這篇題於一六五四年「略記」卷首的題詞，乃是刊行人 Cramoisy 本人一篇奉承王后的話，不足爲準。況在羅馬訊問調查卜彌格奉使的真僞之兩年半間，從未提到此類書信，可見其從未存在。如此看來，卜彌格所賫之書信，除致教皇及耶穌會統領之書信外，僅有一封別的書信，就是致中國所不識的物搦齊亞共和國之一書，而此書且是因道途所經之困難繞道所抵歐洲之第一國而提出者。

這種變則，勢須使人取愼重態度，審查此所謂龐天壽書之後，愼重態度尤須加增。卜彌格對於耶穌會統領的辯解，說此書僅是一種尋常名刺，(visitationis libellum)，然則其內容爲何歟、根據物搦齊亞國的檔案、（見通報一八九〇年刊一一四頁、）封面之文若曰、Nel Grande Occidente alla Serinissima Republoca della Clarissima citta di Venetia lettera di salutatione mandata in segno di amicitia 註三三 信內紅紙信箋之文若曰、per il mandato dell'Imperatore della grande clarita dell'Imperio della China. Universalissimo Vice Re dei Regni et Provincie Quam-tum, Quam-Sy, Fo-Kien, Generalissimo della militia in mare et nella terra, Principe dei Reguli di Quam-Sy, Tesoriero e sollecitatore dei redditi dell'Imperio. Nell' absenza dell'Imperator absoluto e solo Giudice et decisore in Tutte le cause. Primo Prefetto della Guardia, Gran Maestro delli Cavallieri, Supremo Cancellier, Intimo Secretario et Cameriero dell'Imperatore, Pam Achilleo Sina Christiano, con tutto il respecto et riverentia. Al Supremo et Serenissimo Prencipe della Clarissima Terra di Venetia, all'Ill. et Ecc. Senatori della medesima Republica, per il Padre Michel Boym Maestro della Santa legge della Compagnia di Gesu.

libello della visitatione offerisse.

註三三　此文在稱卜彌格爲葡萄牙人之文件中、至若說他是波蘭人那件文件、（同上通報一一六頁）譯封面語則作 Nel grande occidente alla Serenissima Republica della Clarissima.terra di Venetia, libello della visitatione.

這封「書信」的漢文、在物搦齊亞的檔庫中未見保存、然在巴黎國民圖書館中有之、（Coll. Dupuy 七七六冊七六至七七頁）是爲一種鈔本、字體極劣、應出於一中國人手、或者就是 André Sin 寫給法國大使的、其文如下：

泰西物搦齊亞光地公朝皇會帖子、

大明欽命總督粵閩恢剿聯絡水陸軍務、提調漢土官兵、兼理財催餉便宜行事、仍總督勇衛營、兼掌御馬監印、司禮監掌印太監龐亞基樓契利斯當、敬於

物搦 註三四 亞光地

皇諸侯及公朝總會、

于老師卜彌格爾 註三五 耶穌會奉拜、

註三四　此下應脫齊字、

註三五　可見此處其名作卜彌格爾、而不作卜彌格、彌格爾乃 Michel 之全譯名、至若彌格、乃仿漢名之省稱。他在 Kircher 之 Oedipus Aegyptiacus 中第二十五讀下亦寫其名作卜彌格爾、然在第二十六讀下則僅作卜彌格。

右錄漢文、證其與譯文相符、其第一行顯然就是封皮上所寫的文字、則爲一種「帖子」、質言之、亦卜彌格所言之名刺、可不是僅具姓名之尋常名刺、乃爲並具官銜之帖子。案帖子亦用紅紙爲之、與尋常名刺相同、此處之帖子備具龐天壽之全副名銜、較爲特別。然則吾人應假定卜彌格齎有不少龐天壽的名帖、以便轉致預先指定的種種人之用嗎、我在從前或以此說爲然、但在現在則不敢信其爲是。帖子上所具龐天壽的官銜、完全與致教皇書中的官銜相同、其餘的詞句應是臨時增加的、好像不是出於中國文人之手、因爲末一行卜彌格爾之名應列在耶穌會下、而反列在耶穌會上、文人不致如此顛倒、可以證之。我的斷論以爲卜彌格想增加他奉使的效力、於是鈔錄致教皇書中的名銜、製造一種龐天壽致物搦齊亞元老院的帖子、他居心並不在作僞、因爲他仿中國的禮節、代表派遣他的人致敬禮也。卜彌格本性微好虛榮、據 Dunyn-Szpot 神甫之言、他是一箇「喜人讚揚的波蘭人。」(appetentior laudis spiritus sarmaticus)、參照沙不烈書一三四頁、他的使命多少使他腦經眩惑、加以要制服若干障礙、實迫出此、吾人對之切勿責備過嚴。他雖然在物搦齊亞得到一種自負心的滿足、可是在羅馬所給的代價很大、竟被人疑他使命全僞、皇后烈納這箇不幸的使者經過數年的辯論後、於失望中就歸途、及還至中國境外時、不能入境、窮蹙死於中國邊關之外、其情亦可憫矣。

第二箇問題、就是卜彌格在一六五二年杪抵物搦齊亞所提出的問題。相傳那時有本小册子、卜彌格在其中述其奉使之由來、Sommervogel 書(卜彌格條、) Streit 書(第五册二二二一則、) 沙不烈書(二一四頁—二五一頁、) 耶格兒撰文(二〇〇頁、) 並言此小册子有一部初刻本、標題如下:

Breve Relazione Della China, E Della Memorabile Conversione Di Persone Regali di quella córte alla Religione Christiana. Per il P. Michele Boym S. J.

Roma 1652. 80.

這箇標題固不足奇、卜彌格來自 Smyrne 在一六五二年十一月終或十二月初直抵物搦齊亞、他在十二月杪必尙在此地。可是一六五三年二月二十一日他尙奉耶穌會統領的命令被留在 Lorette、最早祇能在一六五三年三月行抵羅馬、然則在此情況中、他的敍述如何能於一六五二年先在羅馬出版呢？此外在羅馬訊問此事之案件中、有一部德文刻本的小册子、說到卜彌格、同一種用拉丁文寫的譯本、但未說到這部相傳是他所撰一六五二年的意大利文刻本、其實這部一六五二年的羅馬刻本、雖經輾轉著錄、然未舉其刊行人名及頁數、而且無人見過、我敢信這部一六五二年的羅馬刻本從未存在。卜彌格在羅馬所受待遇既然不良、必未刊行何種撰述。註三六

註三六　世人可以下說駁吾說、卜彌格曾用漢文撰有兩篇讚詞、載入 Kircher, Oedipus Aegyptiacus 第一册緒言中、顧此第一册上題在一六五二年刊於羅馬、由是此年亦得刊布一種卜彌格行紀。但是此說終與卜彌格一六五二年終到物搦齊亞、同一六五三年春到羅馬

的時代相抵觸。其實 Kircher 書第一册序文題年確是一六五五年、雖然在著錄標題的那一頁上載有一六五二年的年代緒言之增入第一册中、應在一六五四年時四册完成以後。卜彌格至此時與 Kircher 發生關係已久、則他撰此兩篇漢文讚詞之時、應在一六五三至一六五四年中矣。

又據 Sommervogel, Cordier, Streit, 沙不烈諸人的著錄、好像他於一六五三年時在別處撰有一部小册子、而此小册子的沿革迄今尚未著錄完全、茲先將我所知的諸刻本著錄如下：註三七

註三七　尤其是中國書錄二版八一九至八二〇頁的指示很不完全。

(一)用德文在 Lille(Ryssel) 刊行的一六五三年本、或者亦有法文刻本、世人雖然未見此法文刻本、然曾明言法文刻本卽是德文譯本所根據的原本。此德文本之一切重刻本及譯本、皆寫卜彌格名作 Boyn 而不作 Boym。

(二)法文本中國幼王皈依及卜彌格奉使大事記 (La Grande Nouvelle De La Conversion Du Jeune Roy Dela Chine et de l'ambassade du Père Michel Bouyn jesuite polonais qu'il envoye à Sa Sainctetė pour reconnoitre son autorité. Liége Baudoin Bronckart. 1653. 80. 8 ff.）此標題見Sommervogel書、復經Streit書（第五册二三一一四則）轉錄、雖不全對、（因爲舊寫波蘭人應作Polonois）、此刻本必已存在。Sommervogel（好像是間接）根據著錄的、即其一本、Streit未言何處藏有此本、我亦未獲知之。

（三）德文本大事記、（Sehr wehrte und angenehme neue Zeitung Von der Bekehrung zum Catholischen Glauben Des Jungen Königs in China vnd anderer Fürstlichen Personen und von Der Legation des Ehrw P. Michaelis Bovyn der Societät Iesu Priestern Polnischer Nation zu Ihrer Pabstl Heyligkeit nach Rohm. Item Von grosser hoffnung der Bekehrung der Tartaren vnd desz Konigreichs Tunquin welches allein so grosz ist alsganz Franckreich. Ausz dem Frantzosischen zu Ryssel vnd Teutschem gedruckten Exemplar. -- Zu Cöln Bey Wilhelm Friessen im Ertz Engel Gabriel in der Tranckgasz. Anno 1653 In-4, 4 ffnch）

此本前此未見著錄、沙不烈君在宣教會獲見一本（Lettere Antiche vol. 193）、他未校錄標題。（二五〇頁）我根據他借閱的寫真本、錄其標題於上。

(四)德文別本、僅見 Streit 書第五冊二二二五則著錄、其所據以著錄之本、就是 Munich 大學所藏之一本。

(五)又一德文別本、首見 Sommervogel 書第二冊七二二頁著錄、繼見 Cordier 中國書錄二版八二〇頁同 Streit 書第五冊二二二六則著錄、皆未言何處收藏此本。據沙不烈君之說、（二一四頁同二五〇頁）有部拉丁文刻本、（Utilia et acceptabilia nova etc.,）、曾在一六五三年刻於 Cologne 之 W. Friessen 書店、有一本現藏宣教會（Lettere Antiche vol. 193）中、此說誤也。據沙不烈君借閱的寫真本、這部拉丁譯文是一部寫本、就是 Friessen 書店出版的那部德文刻本的拉丁文譯文、在羅馬翻譯、以供不解德文的諸樞密員（cardinaux）閱覽之用者、並不是一種拉丁文刻本的鈔本。

如此看來、這部小冊子有幾版德文本同法文本、註三八 祇須閱讀一過、就可見其在

第二篇中說到卜彌格神甫。（寫其名作 Bovyn、蓋由 Bonyim 之轉訛、）而本書並非卜彌格本人所撰、Sommervogel, Cordier, Streit, 沙不烈諸人之說皆誤也。本書根據中國的直接通訊、敍述諸皇后之皈依、同卜彌格之奉使。有一封發自物搦齊亞的書信、告訴此書的佚名撰人、說卜彌格在一六五二年十一月二十二日到了物搦齊亞、本書撰人許續有所聞、將必詳細記錄、至是物搦齊亞有書信至、述卜彌格在十二月十七日 註三九 進謁元老院事、此書頗有舛誤。而不見於一六五〇年之「中華帝國紀要」、亦不見於一六五四年卜彌格的「略記」之中者、就中若言一六四八年時、皇子當定有五六歲、復又言有十二歲、其實皇子當定在是年出生僅有數星期而已。法文本同德文本的「大事紀」、殆爲此書之一種來源、然此書實非卜彌格本人所撰也。

註三八　就嚴格說、法文刻本殆僅一本、就是 Liége 城的刻本、因爲那些德文重刻本說到德文初刻本時、雖說此本在 Lille 城出版、然未言法文刻本亦然也。

註三九　進謁時實在十二月十六日、同一錯誤謂在十二月十七日者、並見於物搦齊亞之一書信中、此信有一闕名鈔本現藏巴黎國民圖書館、其與此小冊子實有密切之關係。沙不烈書（一二八頁）引文有云、「當時有許多人往看他（指卜彌格）行過、」「此神甫服此國（指中國）博士之衣、別一人（指 André Sin）服短衫與突厥人相類、」此小冊子之記載與此正同、惟易突厥作波斯耳。

卜彌格本人的惟一撰述、就是用法文於一六五四年在巴黎印行的那部「中國王室皈依略記、」(Briefve Relation De La Notable Conversion des Personnes Royales, & de l'estat de la Religion chrestienne en la Chine. Faicte par le tres R. P. Michel Boym..... & recitée par luy-mesme dans l'Eglise de Smyrne, le 29. Septembre de l'an 1652, Paris, S. Cramoisy, 1654. in-12,6 ffnch.+75pp +1 pnch.) 其標題全名見 Streit 書第五冊二三三一則、同書謂 Munich 大學藏有一本、此外在國民圖書館同英國博物院(British Museum) 亦藏有數本。其緒言內容有一篇題寄王后的題詞、一篇致讀者詞。本文大致就是卜彌格於一六五二年九月二十九日在 Smyrne 教堂中用意大利語所宣布的演講的譯文、譯文顯然有所修

改、沙不烈君以前諸著者、同沙不烈君本人所言永歷朝之基督教、大致本於這部「略記」。此書當然重要、可是對於細節、應該愼重取別的來源勘對、至若卜彌格這部撰述如何到達巴黎、其情形尚未詳也。

此「略記」（除序文、致讀者詞、及出版特許權外、）曾被轉載於 Melchisedech Thevenot 刻於一六六四年的「未曾刊行的種種奇異行紀」之第二編中、佔二開本十四頁。註四〇

註四〇　這部行紀彙編、是用 Girard Garnier 的名義、在一六六三年四月二十三日取得出版特許權、在一六六四年十月二十五日印刷完畢。「略記」同刻在「略記」後面的「中國植物」(Flora Sinensis)、皆不見於第二編的目錄、「略記」本與這部彙編的標題不相應、因爲其本已在一六五四年用法文刊行了。可是在此彙編諸重刻本中皆未言有此部原刻本、Camus 在他所撰 Bry & Thevenot 的行紀彙編之記錄（巴黎一八〇二年版三一四頁）中、亦不知有一種原刻本之存在、有些誤會多本於 Larousse 之卜彌格條。沙不烈君根據這些誤會數言（c頁二一三頁、二一八頁、二五〇頁、二五二頁、）旅行家 Melchisedech Thevenot（其實眞正旅行家是他的姪兒 Jean Thevenot）刊布了 Bayer

所譯的「略記」同「中國植物」然此種譯文僅見於 Jacques Langlois 書店之一七三〇年版本中、而不見於一六六四年的版本中云云其實此行紀彙編之前兩編、分別在一六六三年同一六六四年出版、出版的書店是 Jacques Langlois、繼又在一六六六年重行出版、出版的書店是 Sébastien Mabre-Cramoisy。此兩編的餘本連同一六六六年出版的第三編、一六七二年出版的第四編以及尚未印刷完竣的第五編、在一六九六年合訂爲二冊出版書店是 Thomas Moëtte。此外並無一七三〇年的版本、「略記」同「中國植物」、並見於一六六四年一六六六年一六九六年三部版本之中、這些時代同 Bayer 尚無關係、則譯文不出此人之手矣。Streit 書第五冊二二一四則、將「一六六四年」同「共十四頁」誤刊作「一六四四年」同「共三〇頁」

沙不烈君信有一六五二年在羅馬出版的意大利文本之存在、於是又說（二一四頁）「繼續有其他意大利文的刊本、」其實在他以前、世人並未見有何種意大利文刊本、卽在今日、我亦不能指出何處有此刊本。但是沙不烈君（二一四頁同二一五一頁）曾在 Ajuda 城圖書館中見着兩部鈔本、其標題曰 Breve raconto della conversione delle Regine della Cina col battesimo del figlio primo genito dell'

Imperatore e d'alteri progressi de la S. Fede in quel Regno 註四一 出版年是一六五七年、出版所在是 Parme 城的 Mario Vignia 書店、我亦不識這部刻本、觀其標題、應是「略記」之文、好像是譯自法文者、然未敢必其是也。

註四一　其文有與沙不烈君之著錄不同者、乃是我自動的改正。

Der neue Weltbott 第一編十三號、曾將卜彌格「略記」的德文本删削三分之二、並爲訂正 (verbessert)。刊行人未言其本於何本、好像就是一六五四年的法文刻本。

Michel Juniewicz 神甫在他所輯的 Listy rozne 第四册七〇至八一頁中、刊布波蘭譯文 (Relacya o Chinach etc.)、註四二 以一七五六年在 Varsovie 出版。

註四二　欲詳知此本、可參考沙不烈書 c 頁、二一四頁、二五〇至二五一頁。

最後 Väth 的湯若望傳一一四頁、著錄有一部 Relatio des P. Boym, in München, Staatsarchiv 16, 277 本、沙不烈君既未知之、我亦未詳爲何本。註四三

註四三　或者就是沙不烈君（一五四頁）所言在宣教會同 Carpe. tras, Ajuda 兩城所藏的

那些「卜彌格神甫自撰其奉使之拉丁文略記」版本。

羅馬宣教會於一六五三年開了三次大會、討論卜彌格神甫的事件。一次在四月一日、一次在七月二十二日、一次在九月十六日、於一六五四年八月二十四日又開大會一次、末次開大會於一六五五年九月六日、世人以爲此次或有定讞、因爲此次大會指定一委員會審查其事也。一六五四年八月二十四日的大會僅止於一種「祈願」表示此案或者是一大騙案。（沙不烈書一六五頁）一六五五年九月六日大會所指定的委員會、於是月二十四日集會、並未斷言卜彌格使命之非僞、僅表示其意見、以爲使命若假、教皇作一答書亦無大礙、使命若真、置而不答則妨礙甚重。由是卜彌格神甫遂被接待。他在這種半信半疑的狀況中、於等待三年後、始獲得一六五五年十二月十八日教皇答太后烈納同太監龐天壽書。答書不着邊際、僅嘉獎這箇愛女同這箇愛子之信教熱忱。顧在衞匡國（Martini）神甫適由中國來討論禮儀問題、可能證明明亡淸與等事變之時、教廷答書措詞不能更善於此也。況且耶穌會統領只取旁觀態度與物搦齊亞同歟。

卜彌格持有教皇答書、遂赴立斯本、於一六五六年三月三十日登舟、同伴偕行者八人、內有葡萄牙人四人、比利時人三人、英吉利人一人、同年十一月六日抵 Goa、註四四 時 Goa 被荷蘭艦隊封鎖有一年矣。後來四箇葡萄牙人的踪跡不詳。註四五 英國人則在菲律濱途中沈沒於海、註四六 三箇比國人就是柏應理（Couplet）魯日滿（de Rougemont）同 Hartoghvelt 三人、則循陸道赴印度東岸、乘舟渡榜葛剌（Bengale）灣、遵陸而至暹羅、Hartoghvelt 在一六五八年死在暹羅之 Ayuthia 城。柏應理同魯日滿於一六五八年六月在暹羅登舟、同年七月終抵澳門。註四七

註四四　參考 Bosmans 之「魯日滿之未刊書信」（見比國教會史料選錄第三輯第九册單行本四頁、）同「關於吳爾鐸（Albert Dorville）的文件」（見同一選錄第七册單行本五九及六〇頁、其中三十二頁之「十一月九日」乃是排印之誤。）

註四五　其中有一人是 Andrea Gomez、他到中國時或者很晚、一六七三年時他在柬埔寨（Cambodge）、參考 Bosmans「關於吳爾鐸的文件」五八至五九頁、又「略傳」二版三七七頁。

註四六　參考 Väth 之「湯若望傳」二三四頁。

註四七　Bosmans 「關於吳爾鐸的文件」三二頁、曾說 Hartoghvelt 同柏應理魯日滿偕行、於一六五八年一月三十日在 Goa 登舟後維舟暹羅時、得疾死云云、誤也案一六五八年一月三十日出發赴 Macassar 轉赴澳門之海舶、乃是衞匡國吳爾鐸南懷仁(Verbiest)三人所乘之海舶、未至暹羅、(見 Bosmans 書十九頁六六頁七八至七九頁)吳爾鐸等於一六五八年七月十七日抵澳門。(見 Bosmans 書七一頁其中十九頁之七月七日應是排印之誤、)其後不久、白乃心 (Grueber) 至又數日柏應理魯日滿亦至。(見 Bosmans 書七一頁、)關於柏應理魯日滿 Hartoghvelt 三人之行程、可參考 Väth 之湯若望傳二三四頁、其中所誌諸點、皆與 Hartoghvelt 於一六五七年五月一日在 Goa 之書信中所言盡符。「略傳」二版三三三頁謂魯日滿於一六五八年終或一六五九年初抵澳門、誤也。

當此時間、卜彌格之行踪何在呢?沙不烈君於他在立斯本出發後、(二〇五頁)僅言「一六五八年這箇波蘭耶穌會士、終於行抵暹羅、」Väth 神甫(二三四頁)云:「卜彌格本人好像在 Goa 被圍以前、繼續循平常路途、進向澳門、」我以爲此說不合真相、據一六五八年三月七日白乃心之書信（Bosmans 書六三頁、）Goa 之被圍、至是已有一年、又據一六五七年五月一日 Hartoghvelt 之書信、謂卜彌格適在是時以前出發、（同書六一頁、）如此看來、他出發時 Goa 已被圍矣。然則他循何道呢？顯然就是一條危險道途、因爲同伴諸人皆不欲與之偕行也。顧同伴諸人所取之途、就是循陸而至印度東岸、渡海至頓遜（Tenasserim）。卜彌格當然未取此道、我以爲他自量在羅馬躭擱年數已久、心中不安、必不願久在 Goa 停留、於是雇了白乃心所言之一小舟、（同書六三頁、）沿海岸行、犯冒危險、偷過荷蘭人的封鎖線、已而不知在何境況中抵於暹羅、其時應在一六五八年初也。

卜彌格想從暹羅徑赴澳門、不想又有障礙發生、澳門的官憲使人告訴他、說清人不願見明朝使臣之還澳門、否則澳門將受其禍。註四八 卜彌格在暹羅徼得閒暇、遂將他所撰的「醫鑰」（Clavis medica）加了幾編最後序文、寄給歐洲的醫師。澳門一道既不能往、乃取別道、附一荷蘭人領港的中國海舶、進向交趾、在道也遇了些險阻、終由紅河之一港口入交趾、幾於同時有耶穌會士 Giovanni Filippo de Marini 等六人在一六五八年七月十七日從別一港口出海、進向澳門、卜彌格到了交趾以後、投依 Onufre Borges 神甫所、留居至一六五九年二月十六日。註四九 他在一六五八年十一月二十日致 Toscane 大公爵書、就是在留居時間作的、他始終不離幻想、故在書中尙說永歷統率四箇軍隊、同戰象百頭、以其所轄五國之衆、光復其餘中國的土地（沙不烈書二〇八頁）孰知永歷在此時已退走到雲南西南隅之永昌騰越（Moulmein）等地矣。註五〇 當時公教在交趾幾被完全禁止傳佈、賴 Borges 之苦求、交趾始許卜彌格通過其境、前往中國、卜彌格尋覓鄉導閱數月、最後方抵廣西邊界、不意邊界關口俱爲淸人把守、不能入境。卜彌格乃致書於 Borges 神甫、請他轉求交趾王、許他重回交趾、交趾王拒絕不允、卜彌格疲憊失望、因得疾、歿於一六五九年八月二十二日。註五一 其艱苦獲得之教皇答書、竟未能傳達、他的同件 André Sin 始終相從不去、乃爲之辦理後事、葬之道旁、樹一十字架、建一碑石、事畢、偕一中國官逃入山中、以避淸兵之搜捕。Borges 神甫先是遣青年三人往助卜彌格、及至、諸事已了矣。註五二

註四八　此事蓋得之於 Giovanni Filippo de Marini 之書（Delle missioni de' Padri della Compagnia di Giesu Nella Provincia del Giponne, Roma, 1663, p. 348）者、一六五八年初、Marini 尚在交趾、是年七月十七日、赴澳門、一六五九年初由澳門回歐洲、他得在澳門聞悉此事、抑在後來由澳門之人告之、其餘關於卜彌格後來的消息、乃是他得之於交趾傳教會道長瑞士 Lucerne 城人 Onofre Borges 神甫之通信者。世人可以尋究澳門之人何以逆知卜彌格之歸意者、澳門久料其必歸、惟不知歸在何時、恐其復至、預先通知各處、而暹羅亦為接到通知之一地也。

註四九　則留居有七箇月、並非「整年」、如耶格兒（二〇一頁）之說矣。

註五〇　參考 Streit 第四冊五七三至五七四則 Marini 撰文。

註五一　Marini 書三四九頁特言其時在一六五九年八月二十二日、此書為吾人最好的來源、應以其說為是、不知何故 Streit 書第五冊七九三則又別著錄有八月二十八日的時期。

註五二　Marini 對於此節之敍述、皆本於 Borges 之一書信、此信應作於一六五九年十月二十日、或十一月二十日、可參考耶格兒撰文二〇一頁引克萊塞兒文。

時瞿安德神甫已前死矣、其死亡之情形不明、「略傳」二版二六八頁同 Streit 書第五册七七九則所採之傳說的死亡年月、（並參照耶格兒撰文一九九頁、）是一六五一年十二月十二日、不知何故沙不烈君未採此說、僅言其死年是一六五二年。（一九一頁、一九五頁、）其實這箇明確年月亦不知何所本、瞿安德神甫被害之消息、乃間接得之於交趾傳教會道長 Borges 神甫之一封書信者、此信已遺失、然在一六六二年曾爲 Giovanni Nadasi 採錄、又在一六六三年曾爲 Marini 採錄、而 Borges 又言其得此消息於卜彌格者。註五三 案卜彌格在一六五八年七月至一六五九年二月間、客居 Borges 所、前已言之。顧卜彌格在一六五一年一月一日離遠東時、在瞿安德之死前、後在一六五八年歸來時、瞿安德亡故已久。據 Borges 之說、卜彌格得其詳情於瞿安德之舊友某中官、同瞿安德被害的廣西省中之基督教民、卜彌格聞此消息、必不在居留交趾之時、脫在此時、Borges 必亦直接聞之、加以他在交趾覓鄉導有數月、足證當時河內無廣西的基督教徒導之赴廣西。我以爲卜彌格到了廣西邊境始得此訊、他當然惦記他的舊日同伴之存亡、於是見着那箇中官、同那些基督教徒、得到瞿安德被害的消息。Borges 書信中有一段重要的細情、曾經 Nadasi 保存、而未經 Marini 記錄者、就是說瞿安德被害的地方在田州附近。顧太后烈納亦在一六五一年五月三十日死在田州、一六五一年杪、永歷從南寧走貴州、瞿安德之被害、似應位置於是時、可是其事過去已有八年。那箇中官同那些廣西基督教徒、似乎不能確指被害之日、根據 Nadasi 同 Marini 所轉錄信中之文、Borges 並未指明月日、有人說龐天壽曾將瞿安德的遺體安葬、此說之來源及真僞、尙有待證明。則一六五一年十二月十二日的死期、現在亦頗難作準也。

註五三　Nadasi 的書信在一六六二年二月二日作於羅馬、可參考 Weltbott 第二一九號、關於 Marini 者可參考 Delle Missioni 三四六頁、沙不烈君（一九二頁）誤以爲 Marini 直接聞其事於卜彌格、其實他從未見過卜彌格。一六五八年七月他從紅河一箇港口出口、卜彌格則在同時從別一箇港口入口、二人並未相見。湯若望的 Historica Marratio（一六六五年的維也納本頗與湯若望的原文不符、可參考 Väth 的湯若望傳三五八至三五九頁）同畢嘉（Gabriani）的 Incrementa（一六七三年維也納本）對於此點並不是原始的來源、關於瞿安德死亡的傳說之紛歧者、可並參照 Weltbott 第十三號之末一節。

卜彌格雖在奔走流離之中、可是曾撰了若干科學的著作。他的一六五四年的「略傳」末了有一條註子、曾言這些著作不日成書、在他生前刊行的、僅有「中國植物」一種、（沙不烈書。頁二一七至二一九頁、二五一至二五二頁、）於一六五六年在維也納出版。註五四 顧卜彌格於是年三月三十日在立斯本登舟、或者在生前未見這部刊本。卜彌格曾繪了若干中國地圖、我曾在教廷同海軍水道測量局見過。沙不烈君對於此圖已有詳細說明。（二一九至二三五頁、）卜彌格對於日耳曼帝 Ferdinand III d'Autriche 同 Kircher 神甫、做了兩篇漢文拉丁文合璧的讚詞、載入 Oedipus Aegyptiacus)第一册的卷首。（沙不烈書二一四至二一六頁、） 註五五 他的 Tabula Sinensis 曾被收入 Riccioli 的 Geographia reformata 中。（沙不烈書二二七至二二八頁、）他的一六五三年十一月四日關於西安碑文的書信、同對於碑文的解釋、並載入 Kircher 的「插畫的中國」（China Illustrata）之中。（沙不烈書二一九至二二六頁、） 註五六 此外沙不烈君尚有失考者、卜彌格並曾將下述二書交給 Kircher（見「插畫之中國」二二五頁、）一部是 Liber de formandarum literarum ratione、或者是漢文本、無論如何、要非卜彌格的著作、一部是 Dilucidatio summaria rerum Sinicarum、倒是他的著作、或者就是巴黎郵政街舊 Sainte-Geneviève 藏書館所藏題曰 Rerum Sinensium compendiosa descriptio 那部寫本、其中有一部份是本人的筆跡。

註五四　「中國植物」是一部很罕見的兩開本、Cracovie 的 Jagellone 圖書館藏有一本、英國博物院藏有一本、沙不烈君借用我所藏的一本、還有一第四本、在十幾年前曾經 Relin 夫人售出。此外必定還有他本存在、如果說維也納未藏此本。我必很以爲奇、「中國書錄二版四四二頁未著錄其頁數、Streit 書第五册七九三則著錄有七九頁、沙不烈書（二五一頁）亦同。此二書根據 Sommervogel 書第二册七〇頁轉錄之標題並誤、其實此書緒言十二葉、本文二十六葉、附圖一葉、總共七十七頁、中有三頁無文字、二十三頁是加色的繪畫、計植物圖十七頁、動物圖五頁、轉繪極劣之西安碑額圖一頁。

註五五　此種讚詞雖經 André Sin（或 Chin）合撰、其文不甚通順、如「無可解者」訛「無解可者、」稱 Ferdinand III 作「天子、」實出人意料之外。第二十六讚之題名、作「厄日多篆開意吉師同耶穌會卜彌格叩、」要是無有拉丁文 Aegyptiaci Oedipi Authori

R. P. Athanasio Kircher, eiusdem Soc. Jesu Michael Boym」段譯文、此語覺不可解。

註五六　Sommervogel 書第二册七一頁誤謂一六五三年十一月四日卜彌格的書信、已見於一六五六年的「中國植物」之中、其實「中國植物」中所載者乃是發現此書之小記、而其第一部份乃是漢文原文之譯文也。

沙不烈君（二二六至二二七頁）以爲尚有二書本於卜彌格、一部是「插畫的中國」所載那篇「教理問答」的音譯文同意譯文、（不僅法文譯本有之、）一部是「漢法字典」僅「插畫的中國」法文譯本中有之。據一六五四年的「略記」卷末臚列卜彌格的那些將要成書的著作、果有一部中國教理問答（Sinicus catechismus）。但是 Kircher 所轉載的那部漢文教理問答、確非卜彌格之著作、其標題曰「天主聖教約言、」乃是蘇如望（Joao Soerio）神甫所撰、好像初印於一六〇一年、嗣後常有重印本。（參照「略傳」五七頁、又通報一九三二年刊一一四至一一五頁、）至若將羅馬字註明漢音、並譯爲拉丁文的、也許就是卜彌格、「插畫的中國」、法文譯本（三二四至三六七頁）所載之「漢法字典、」亦非卜彌格之著作。沙不烈君根據 Fourmont 之說、以爲這部字典所本的就是紀元後一百年頃的「說文」。其實不然、前述的那部 Liber de formandarum literarum ratione、或者採有說文在內、然而說文同這部「漢法字典」毫無關係。因爲這部字典所輯的是近代語言的詞句、案照當時傳教會中所用的葡萄牙字母編次而成、首一字曰 ça、就是漢語「雜字」之對音。利瑪竇曾編了一部漢語字典「略傳」二版四一頁引金尼各(Trigault)之說、以爲這部寫本好像業已保存。顧在 Kircher 的「插畫的中國」（一一八頁）中臚舉利瑪竇著作內、說有一部漢語字典、並說將來有法郎爲刊行。如此看來、「插畫的中國」法文譯本中所載無漢字的字典、說是利瑪竇的這部字典、亦有其可能、但是這類字典改訂本甚多、尤其是我在教廷圖書館所見的那些寫本。（參照中國書錄二版三九〇八至三九一〇行、）這些不同的字典的比較研究、尚未有人着手、則不能確指某本爲某人所撰也。

卜彌格最要的著作、要數醫學的著作、一六五四年的「略記」卷尾所列舉的著作、中有一部「中國醫術」(Medicus Sinicus)。Kircher 在他「插畫的中國」(一二〇頁)中列舉維也納出版的「中國植物」以後、說還有一部中國醫書、亦爲卜彌格所撰、他在一六六七年時、尙不知道已否刊行、案此醫書必是「醫鑰」(Clavis medica)。這部書幾乎不能出版、沙不烈書(二三五至二四八頁二六四至二六七頁)曾研究此書的沿革、但是他所言此書寫本之落於刊行人 Cleyer 手中的情形、好像有誤。

據沙不烈君(二三六頁)之說、「柏應理神甫是卜彌格神甫的旅行同伴、曾在一六五八年將卜彌格這部寫本交給 Batavia 城的耶穌會士、請他們寄到歐洲。卜彌格神甫的那些譯本被荷蘭人所沒收、削除原撰人名、由東印度公司醫師長 Hesse-Cassel 地方的人 André Cleyer 刊行、攘爲己有。這箇剽竊他人著作的人、並將後來(約在一六六九至一六七〇年間)從廣州寄到的若干其他種種漢文文件的譯文、加在其內。這些譯文、據 Rémusat 之說、似爲卜彌格的譯文、而非別的傳教師的譯文、Cleyer 於是輯爲巨冊、於一六八二年在 Francfort-sur-le-Mein 城刊行、題曰

Specimen medicinae sinicae......」此說乃取之於 Rémusat 的「亞洲新雜纂」第二册二二七至二二八頁者。沙不烈君復引 Rémusat 之說云「Cleyer 在兩年前、曾別刊行此類著作若干種、一部標題是 Herbarium parvum Sinicis vocabulis indic insertis constans、別一部標題是 Clavis medica ad Chinarum doctrinam de pulsibus 於一六八〇年在 Francfort 城出版、好像就是前一書的節本。」沙不烈君（二三七頁）又發表自己之說云：「柏應理神甫或者在 Cleyer 手中將卜彌格的寫本奪回、或者用其他方法、在一六八六年又將 Clavis medica 印了一部新本、題作卜彌格撰、由是物歸原主。）

我以爲沙不烈君誤採 Rémusat 的臆說、緣記載之文不同、致使解說紛歧也。

總之、Rémusat 所說一六八〇年在 Francfort 出版的那部 Herbarium parvum、或者要删除、而那部「醫鑰」是必定要删除的。Herbarium parvum 復經 Pritzel (Thesaurus literarice botanicae 一八五一年本四九頁）著錄、其後「中國書錄」二版四四二頁亦有著錄、可是無人見過此書一本、好像 Pritzel 所採的是 Rémusat

之說。而 Rémusat 本人有所誤會、所言者好像就是一六八二年刊行的 Specimen medicinae sinicae 第五編後半（二四至五四頁）之二百八十九種藥材。至若一六八〇年在 Francfort 出版的 Clavis medica etc.、應是一六八六年出版的 Clavis medica。惟是 Rémusat 間接取材他書、不識其爲同本而所本之書又誤一六八六年作一六八〇年也。

至若一種所謂付給寫本的一六五八年的年代、甚至柏應理將卜彌格寫本寄給 Batavia 的耶穌會士在一六五八年一說、確有所據、但似未解說明瞭。卜彌格於一六五八年在暹羅之 Ayuthia 城爲所撰的「醫鑰」撰了兩篇最後序文、一篇是致讀者詞、一篇是致醫師詞。柏應理迄於 Goa 曾與卜彌格同行、顧卜彌格在一六五七年四月先由 Goa 出發、並在一六五八年逗留 Ayuthia 很久。柏應理亦在一六五八年抵暹羅、是年六月復由暹羅出發、適與卜彌格附舟赴交趾同時、則此二耶穌會士必曾相見。我以爲卜彌格將欲不經澳門徑赴廣西、當時必定將其寫本交給柏應理、其撰兩篇序文、應在此時。但是柏應理未赴 Batavia、因爲柏應理爲避荷蘭艦隊、故不直接由 Goa 徑航中國、若說他在此時赴 Batavia、是又何異進入虎口。所以我以爲柏應理攜帶卜彌格的寫本全部進向澳門、毫無可疑。註五七

註五七　世人可以一說駁我、柏應理於一六五九年二月四日在澳門所寫的一封信札、曾經 Waldack 神甫刊載入比國教會史料選錄第九册（一八七二年刊）十三頁之中者。曾言在道有同伴數人病故、並言卜彌格在海上行踪不明、我想柏應理在此處所指者、乃是卜彌格最後一段之行程。質言之、自暹羅赴交趾之行程、就一六五九年二月四日的信札言、柏應理在此時尚不知卜彌格能在一六五八年七月到達河內、設若柏應理未在暹羅見着卜彌格、則柏應理在後來得着卜彌格於一六五八年在暹羅加增序文兩首的那部寫本、將無從索解。而柏應理於一六五八年在暹羅將卜彌格著作的一部殘鈔本（見後）寄回、亦無從索解矣。

然而柏應理是 Malines 城的一箇 Flamand 人、他的同伴 Hartoghvelt 是 Amsterdam 城人、所以他們兩人頗受暹羅的荷蘭商館經理 Jan van Ryck 夫婦的優待。及 Hartoghvelt 死、柏應理曾託這箇經理、將他的一封信連同信札一束、寄給

Batavia 的總督 Maetsuyker、轉交給 Hartoghvelt 的親屬同教會上級人員。這一束信札中附有柏應理行紀一篇、致衛匡國神甫信函一件、「關於中國人按脈診病的方法」一小冊。我們可以承認此小冊子就是卜彌格著作之一部殘鈔本、蓋卜彌格或在歐洲赴 Goa 之途中、或在暹羅、不無鈔錄其著作之時間也。但是此鈔本似無題名、而在我採錄上述這些消息的信札中、柏應理亦未著錄卜彌格之名。註五八

註五八　這封信是用荷蘭文寫的、由柏應理在一六六二年寄到福州給 Balthasar Bort 者。此信曾轉載於 Dagh-Register......in Casteel Batavia Anno 1663（一六九一年本五九至六〇頁）一六六三年二月十五日日記中。後來 Allard 神甫的一篇論文、（見一八九七年刊 Jaarboekje van Alberdingh Thym、我在巴黎未能覓得此本、）即以這封信札為起點、中國書錄同「略傳」皆未著錄有這封信札、同 Allard 神甫的論文、但是 Bosmans 所撰「吳爾鐸的文件」（單行本一〇頁）曾經利用過這篇論文。

總而言之、一六五八年柏應理寄送卜彌格寫本的一部份鈔本之事、不足以為 Cleyer 洗刷攘竊他人著作之譏也。

案Cleyer於一六八二年在Francfort城刊布的那部「中國藥物標本」(Specimen medicinae sinicae)、分爲數編、每編分計頁數、其著錄的「刊行人」名、固然是Cleyer、然Cleyer未說是他的譯文。第一編分四卷、附木版圖二十九面、銅版圖一面、乃是舊題王叔和(紀元三百年時人)所撰的「脈訣」。第二三兩編明言是一箇「歐洲考據家」的撰述。第四編就是摘錄此考據家發自廣州的幾封信件、諸信所題年月、是一六六九年二月十二日、同十月二十日、一六七〇年十一月五日、同十五日、可見Cleyer張冠李戴的舉動、並不如世人所言之甚。

然則Cleyer的材料從何自來、其刊本如何印輯呢?我對於這件問題、並無充分的材料以供答復。然而我的假定如下:註五九Andreas Cleyer是Hesse-Cassel地方的人、得有碩士學位。在印度時人習稱之曰博士、不知在何時到Batavia、僅知他在一六六五年已在其地。一六九七年尚存、以藥劑師同外科醫師得名。其地位頗爲人所羨慕、他的花園在當時很著名、他曾同Amboyne城的Rumphius、以及不少歐洲考據家、尤其是柏林漢學家Mentzel、時常通信。在一六八二至一六八三年、同一六八五至一六八六年間、他在日本的荷蘭商館諸經理之列、他在一六八〇年回到歐洲、其事或有可能但是在一六八一年五月、他確在 Batavia、因爲德國人 Vogel 在那裏見過他、並說到他那部書、此書不久便付印了。就是「中國藥物標本。」既然有人在一六八一年五月見之於 Batavia、足證 Cleyer 寄書付印時應在此時之後、而監督印刷者、並非 Cleyer 本人。此書在當時並不受人歡迎、他有幾箇朋友並且勸他將此書廢棄。

註五九　以下關於 Cleyer 之事、幾盡採之於 F. de Haan 所撰 Uit onde notaris-papieren II. Andreas Cleyer 一文者、此文見 Tijdschrift v. Ind. Taal-etc., 第四十六册、第五編（一九〇三年刊）四二三至四六八頁。此文作於 Batavia、撰者未曾深考 Cleyer 的傳記、亦未研究他被人詆毀的事實。

至若若干譯文何以得到 Cleyer 手中的情形、可以假定如下說：一六八二年八月十八日 Rumphius 有封信說、幾年前他將一部寫本送給 Cleyer、此本是用漢文同拉丁文合寫者、言中國人按脈診病事。他以爲 Cleyer 利用這部書必較他爲善、

（見 F. de Haan 書四五二頁、）這部書或者就是舊題王叔和所撰的脈訣、或者是後面的一部書、題作 Pulsibus explanatis medendi regula 者、（在第五編上半、）並且包括其後的藥名、也說不定。

至若「脈訣」的譯文、雖然有 Rémusat 等之說、實無以屬卜彌格之何種理由。案在一六七一年時、Grenoble 城刊行有一部書、題作「中國醫術祕訣、卽在脈搏之完全認識。此本由一大有功能的法國人自廣州寄來、」註六〇 序題一六六八年十月二十一日作於廣州、撰者是一箇謫居廣州已有三年的傳教師。我以爲此傳教師好像就是作一六六九年二月十二日同十月二十日、一六七〇年十一月五日同十五日、那些信札的「歐洲考據家、」或者也是「中國藥物標本」第二三編的撰人。如果能確定一六七一年出版的那部書的撰人爲何人、就可同時確定 Cleyer 的「中國藥物標本」之一撰人或主要合撰人爲何人。但是我的材料尚嫌未足、未能在謫居廣州的那些法國傳教師中確指其人、加以我未親見一六七一年在 Grenoble 出版的那部書、不能辨別此書是一箇歐洲人的著作、抑是「脈訣」的一種譯文也。註六一

註六〇　參照中國書錄二版二二頁又一四七一至一四七二頁、此書所餘之本、載入一六九九年 Michel Baudier 的「中國王朝史」重刊本之後。

註六一　沙不烈以為一六七一年的「醫術祕訣」、就是「醫鑰」（此年此書尚未出版）的一種法文譯本、但是此說好像是未曾對勘此二書而發表的主張。

姑無論一六八二年 Cleyer 所刊布之「祕訣」的拉丁譯文、是否一六七一年刊行的「醫術祕訣」的撰人、那箇法國傳教師的譯文、要非出於卜彌格之手、卜彌格對於中國醫術、除撰有一六八六年出版的「醫鑰」外、或者尚有構成一六八二年出版的「中國藥物標本」第五編兩半的兩部小冊子、此外並無說他撰有別書的何種理由。我們現在既有一六八二年的「藥物標本」、註六二 可以取來同一六八六年的「醫鑰」對勘。註六三 沙不烈君（二六四至二六七頁）曾將此二書詳細審查、除所言之題目相同外、別無關係。一六八二年的「藥物標本」任何部份、不重見於一六八六年的「醫鑰」之中。則若一六八二年刻本的標題不使人主張相反的解釋、勢將以為一六八二年的「藥物標本」中毫無卜彌格的撰述矣。

註六二 一六八二年的「藥物標本」現在巴黎國民圖書館、藥科大學、東方語言學校、各藏有一本、我亦藏有一本。

註六三 沙不烈君僅言及英國博物院所藏之「醫鑰」本、然巴黎國民圖書館同醫科大學亦各藏有一本。

總之、這部一六八六年的刻本、並不是柏應理舉發 Cleyer 前此「剽竊」的一種報復刻本。祇須讀其標題全文、卽可釋然、其標題曰 Clavis medica ad Chinarum Doctrinam de Pulsibus, autore R. P. Michaele Boymo, è Soc. Jesu, & in China Missionario. Hujus operis ultra viginti annos jam sepulti fragmenta, hinc inde dispersa, collegit & in gratiam Medicae Facultatis in lucem Europaeam produxit Cl. Dn. Andreas Cleyerus, M. D. & Societatis Batavo-Orientalis Proto-Medicus. A quo nunc demum mittitur totius operis Ewemplar, China recens allatum, & à mendis purgatum, Proçuratore R. P. Philippo Copletio, Belgâ, è Soc. Jesu, Chinensis missionis Roman misso. Anno 1686 這箇標題完全明瞭、不能發生誤

解。柏應理是代理人（Procuratore）、被派至歐洲、在一六八一年十二月五日附一荷蘭船舶離開澳門、路中遇風暴、强其停留於爪哇西北之 Bantam、待船好久、至一六八三年二月八日方能又附舶行、至同年十月八日始抵荷蘭之 Enckhuyzen。案 Bantam 相距 Batavia 不遠、Cleyer 認識他的「大同鄉」柏應理、並獲得卜彌格的改正本、顯在柏應理被迫停留之時。後來他將此本寄到歐洲出版、雖然有 Bayer（Museum Sinicum, 28—30）首倡的、Rémusat 緣飾的、同 Pfister, Cordier, Streit, 沙不烈諸人承認的那件傳說。Cleyer 不特未將卜彌格的撰述攘爲己有、而且使這箇波蘭耶穌會士「隱藏有二十年」的主要科學撰述得著錄原作者之名而顯於世、不特無過、而且有功也。

一六八二年本的標題固然明瞭、然而此本出版的情形則不如是、其本未著印刷的所在、諸目錄亦未著錄。中國書錄二版一四七一頁著錄此本有一四四頁、下有小註云：「醫鑰——見一六八六年 Norimbergae (Nuremberg) 城天然異物研究院異物雜纂（Miscellanea Curiosa Academiae Naturae Curiosorum）、第四年十卷本二編、附錄一一四頁」。沙不烈書（二三九頁、二五七頁、二五八頁）亦說到此附錄、謂有「一一四頁」乃是「醫鑰」的「報告書」、然而 Bayer (Mus. Sinic. 三十頁) 早已說到「醫鑰」已載入 Nuremberg 城的天然異物研究院的十卷本 (decuriae) 中、其說是也。考所謂一六八六年的特印本中之冊頁圖版、尙著錄有六年十卷本二編 (Dec. II, Annus IV) 字樣。如此看來此一六八六年的所謂特印本、就是一種單行本矣。註六四

註六四　「雜纂」附錄本「醫鑰」、自然是一四四頁、與單行本同。並非 Sommervogel 同 Cordier 所著錄之一一四頁、沙不烈似已參考過「雜纂」、然兩次誤計頁數、意者國民圖書館所藏「雜纂」不全。「醫鑰」全文在一六八六年的附錄後脫漏、致有此誤。

此外 Bayer 說「雜纂」本之刊行、曾經柏應理同 Mentzel 參訂、(Cupleto et Menzelio adnitentibus)。一六八六年柏應理固尙在歐洲、但是將卜彌格的寫本從 Batavia 寄到歐洲的、是 Cleyer、前此曾經說過、殆因 Bayer 誤解一六八六年版本上的標題、以爲柏應理在 Batavia 將卜彌格的寫本從 Cleyer 的手中奪回、攜還

歐洲。註六五反之、Mentzel 倒是 Cleyer 的一箇通信人、他接到寫本將其印行、其事亦有可能。

註六五　但是柏應理對於這部印本曾經備過 Mentzel 的顧問、容有其事、因爲柏應理曾經寫過數次信給 Mentzel、此種信件 Bayer 曾經見過、據其所言如此。(Museum Sinicum 六三頁)柏應理致 Mentzel 諸信中、有一封原文被普魯士王立圖書館收藏、早經 La Croze 在他的 Bibl. Brem. 第五册六一八頁中刊布過。(此信未經中國書錄二版一〇六二頁及「略傳」二版三一二頁著錄、)據 Bayer 之說、其使 Mentzel 同柏應理發生關係者、乃是 Cleyer。

現在僅須說明的、就是這部「雜纂」本的標題、如何包含有 Cleyer 從前刊布卜彌格殘鈔本的話、其所指者不能爲一六八二年的「藥物標本」、蓋一六六二年的「藥物標本」同一六六八年根據一部全寫本的「醫鑰」無共有之文也。欲詳此種變態、我將首先說明一六八六年本的標題、必不是 Cleyer 自撰的標題、乃是出於刊行人者。而此種刊行人在「醫鑰」之幾箇段落中、常有竄改、一六八六年的「醫鑰」並不是卜彌格之一字不易的原寫本也。

卜彌格在他所撰序文中說過、凡刻其書者、必將漢字轉錄、否則視若僞本(spirium)、可是一六八六年的刊行人、(或者一六八二年的刊行人也是一樣、)不加一詞、將卜彌格寫本中的漢字删除、僅留存羅馬字的譯音、同拉丁語的譯文。當時歐洲無有漢文字模、這也無怪其然、至若原有的藥品藥方、刊行人曾追加一段話、(十八頁、)說此種藥方對於歐洲醫師毫無功用。而藥品一到 Batavia、甚至就在澳門、早已變壞、不能將其運至歐洲。由是在一六八六年的「醫鑰」中、無藥品的名錄。此外一六八六年的刊行人謂有圖版二十九面、然僅印有五面、(其實五葉、上有六圖、)餘圖則請讀者參考一六八二年的「藥物標本」。

然則應該如何斷論歟、案一六八六年本的王叔和(Uâm Xo ho)、當然就是一六八二年「藥物標本」中的王叔和(Vám Xó Hó)、而書中之三十圖、(或二十九圖)、乃是誤題此撰人名者、可是不能因此必謂卜彌格曾譯此書也。一六八二年的「藥物標本」開卷之拉丁文全部譯文、或者就是等如一六七一年「醫術祕訣」的拉丁譯文、而其來源或者相同、卜彌格與此二譯文殆毫無關係也。總之、「藥物標本」中之文、能以屬卜彌格者、祇有第五編之兩半、前半（一至二四頁）題曰 Auctoris Vam Xo Ho pulsibus explanatis medendi regula、是爲藥方、其中漢名的譯音甚夥、後半（二四至五四頁）題曰 Medicamenta simplicia Quae à Chinensibus adusum Medicum adhibentur、乃是二百八十九種中國藥品之敍述。同用法、以羅馬字譯寫漢名、好像這就是 Rumphius 在一六八二年前數年、贈給 Cleyer 那部包括有漢文同羅馬字譯音、拉丁語譯文的寫本、這部寫本乃是卜彌格的「醫鑰」殘鈔本、其末署名、亦意中或有之事。一六五八年柏應理寄到 Batavia 的、或者就是此本。一六八六年刻本所載卜彌格序文言及的、就是此種藥方同藥品、但是一六八二年的刊行人、因無漢字、遂將漢字刪除。一六八六年的刊行人、以爲這一部份無用、又將其文完全刪除、可是忘記聲明在一六八二年的「藥物標本」中有其刪除之文也。現在我的解釋如此、如欲保其不誤、必須詳細合勘「藥物標本」同「醫鑰」二本、同時並須核對一六七一年的「醫術祕訣」本。

一六八六年的「醫鑰」賴 Bayle 的宣傳、曾有聲於一時，致使沙不烈君尚追隨十八世紀及十九世紀的反響。尤異者、中國醫術的脈訣影響外國如是之重、Hervieu 神甫在十八世紀時、竟將這部題作王叔和的脈訣、從新翻譯、載入 du Halde 的「中國誌」之中。而且最近在 Saint-Sophie 圖書館中、發現一部附帶圖畫的寫本、用阿刺璧字譯寫漢字之音、是一三〇〇年頃一箇波斯人的手筆、這部用阿刺璧字音譯的中國書、就是誤屬王叔和的「脈訣」

卜彌格尚得有一身後名、沙不烈書未曾言及此事、蓋世人曾以卜彌格的名稱、用作植物學中一箇亞類的名稱、卽 Boymiae 亞類是已、其定名之情形與時期、不難尋究也。註六六

註六六　世人以爲在 Bretschneider 的 Early European researches 或 History of European botanical discoveries 兩書中、或者覓得有關係的材料、其實毫無異文。

由此觀之、沙不烈書已須及尚須核定之點不少、註六七　蓋因沙不烈君過於信任前人之說、加以中國史事不爲歐洲所深悉者、莫過於永歷一代之可悲的歷史、固致有

此成績。沙不烈君裒輯材料雖富、我以爲未將卜彌格的真相表出。此人之傳記、頗類聖者傳記、他原抱希望甚大、乃在高處跌下。在羅馬時、久受嫌疑、加以他的中國衣冠、發表的演說、大使的態度、同他完全不解中國政治狀況的心理、不免受人的批評、招致人的欺騙。惟應知者、他始終以爲忠於明朝、忠於本教、而在奇難景況中、竟能留下一部科學著作、而這部著作之在當時、未可輕視也。註六八

註六七　凡不涉及卜彌格同 Kircher 者、尚有不少必須改正之點、比方沙不烈君尚採 Rémusat 之說、以爲湯若望死在一六六九年、（三〇頁、）而不作一六六六年。吾人今知白乃心不是在一六六五年死在 Florence、（一八一頁、）乃是在一六八〇年死在匈牙利之 Saros Patak 者。南懷仁僅在一六五八年到中國、乃 Backhouse and Bland 妄以其仕於明朝、沙不烈書（九〇頁）亦不應因襲其誤、如是之類、皆應改正。

註六八　沙不烈書印刷頗有訛誤、而此種訛誤殆成爲博士論文之通例矣。